泉田裕彦

泉田裕彦の500日

今日も新潟日和

目次

平成十七年十二月

平成十八年一月

平成十八年二月

平成十八年三月

平成十八年四月

今日も新潟日和

本書は、平成十七（二〇〇五）年十月から平成十九（二〇〇七）年三月まで、毎週金曜日に発行された〝新潟県知事 泉田裕彦のメールマガジン「たがいに・にいがた」〟に掲載された今週の「ひとりごと」七十五回をまとめたものです。

刊行に当たり、状況や経年の変化による加筆修正や項目の整理を一部行っています。なお、本文中に登場する方々のプロフィール（年齢、肩書、団体名など）は執筆時のままです。

ごあいさつ

みなさん、こんにちは。新潟県知事の泉田裕彦です。

私のメールマガジン「たがいに・にいがた」を読んでいただき、誠にありがとうございます。

「日本一若い知事」※として平成十六（二〇〇四）年十月、あの中越大地震の三十時間後に就任して以来、被災した皆さんはもちろん、県民の皆さんのお役に立とうと無我夢中で走り続けてきました。

震災からの復興はまだまだこれから。被災地の皆さんのことを考えると気を抜くことはできません。ますます精進あるのみです。

このメールマガジンでは素の私を表現しながら、「ほっと一息」でいこうと思っています。県内のニュースや県政の話題はもちろん、私が日々の公務の中でふと感じたこと、心を動かされた出来事などをコラム風にお届けしていくつもりです。

ときには「知事ってどんな仕事?」という皆さんの疑問にお答えし、「日本一若い知事の私生活のヒミツなどもお伝えできるといいかな」などと考え中です。

コラムは、県庁のホームページ内にある新潟県知事公式ホームページ「海彦・山彦・裕彦」のブログとも連動しています。メルマガだけでは物足りない方は、そちらもどうぞ。

今後とも「たがいに・にいがた」へのご愛顧のほど、よろしくお願い申し上げます。

※平成十九（二〇〇七）年四月の岩手県知事選で、達増拓也（42）氏が当選し、現在（二〇〇七年五月）では日本で二番目に若い知事になっています。

創刊準備号①　平成17（2005）年10月24日

平成十七年十一月

新潟県中越大震災から一年が過ぎて思うこと

地震から一年がたち、あらためて被災地のさまざまな方々の思いを直接聞かせていただきました。もうすぐ二度目の冬を迎えますが、被災者の中にも生活再建が進んでいる方と、まだ見通しの立たない方がいらっしゃいます。最後の一人の笑顔が戻るまで、生活と生業再建を最優先に全力でサポートします。三度目の冬は、皆さんが笑顔で迎えられるようにしたいと、決意を新たにしたところです。

創刊号① 平成17（2005）年11月4日

公式HPリニューアル

十月二十五日、新潟県知事としての公式ホームページをリニューアルしました。ホームページ名「海彦・山彦・裕彦」（http://chiji.pref.niigata.jp/）は、若い職員のチームと一緒に考えて決めました。新潟には「海」もあり「山」もあり、そして「裕彦」もいますという意味です。新潟県の良さを広く知っていただくため、体を張ってアピールしていきます。

新潟県庁のトップページの左側に知事公式ホームページというバナーがあるので、そこをクリックしてみてください。トピックスについては、コメントの書き込みもできるようになっていますので、ぜひご利用いただければと思っています。

創刊号② 平成17（2005）年11月4日

素晴らしき「ゆきぐに大和病院」

十月三十一日に南魚沼地域・魚沼地域で開催したタウンミーティングでの話題をお届けします。

パネルディスカッション前の午前中に、南魚沼市立ゆきぐに大和病院※を訪問しました。院長先生をはじめスタッフの方々と、いろいろ意見交換をしましたが、「患者本位の地域医療はどうあるべきか」を基本コンセプトに運営されており、本当に素晴らしい病院だと思いました。

ゆきぐに大和病院は全国的にも知名度が高い病院で、スタッフの方々の医療への熱意をじかに感じ、私も「ここで医療サービスを受けたい」という気持ちになりました。

また、福祉関係施設も併設されており、「医療の提供だけではなく、医療と保健福祉が一体となって患者さんをケアしていこう！」というお医者さんの情熱が伝わってくるように感じました。

※ゆきぐに大和病院……南魚沼医療福祉センターの中核施設。センターは病院を中心に、特別養護老人ホーム、農村検診センター、訪問看護ステーション、ヘルパーステーション、在宅介護支援センターから構成され、互いに連携を図りながら地域住民の予防と福祉を含めた地域包括医療（総合医療）の推進基地として活動している。

第2号① 平成17（2005）年11月11日

パネルディスカッションから

「安心・安全な地域医療をめざして」というテーマで、有識者の皆様ならびに会場参加者の皆様とパネルディスカッションを行いました。

その中で、地域医療の一番の問題点は医師不足というお話でした。県内の現状は、全国平均よりも人口十万人当たりのお医者さんの数が多い圏域は新潟圏域だけとなっています。他の圏域の多くは全国平均を大幅に下回るという状況になっています。

給与面でみますと、県立病院医師は全国の都道府県立病院の中で「上から三番目」となっており、決して給与面だけが医師不足の原因ではないようです。

例えば、お医者さんの中には、「大学に残って研究をしたい」という方や「症例をたくさん経験して腕を磨きたい」という方がおられます。

①そういう方々がいったん地域医療を担った後に、希望のキャリアに戻ることができる仕組みを作っていく

②また、子育て中のお医者さんが安心して子どもを教育できる環境を整備して

いく

など、患者さんへの大切な医療提供だけを考えるのでなく、お医者さん個々のキャリア設計においてメリットのある環境を提供していかなければいけません。「給与面だけでは解決しない」ということなんだろうと感じました。

現在、県立病院は十五ありますが、昨年度は合わせておよそ二十億円の赤字でした。これは、国の制度である診療報酬のマイナス改定の影響もありましたが、「民間に比べて、人件費比率が高いことなどが原因となっている」という報告書をもらっています。

緊急に取り組まなければならない課題として、守れる命をしっかり守る。そして健康で長生きができる社会をつくっていくことが重要ですので、それに向けて必要な対策を打っていきたいと思います。

第2号② 平成17（2005）年11月11日

全国知事会議

十一月十、十一日に東京で開催された「全国知事会議」の一番の論点は、三位一体の改革でした。国が補助金や法律で地方を縛っているところがあるので、「地域の実態に合わせて権限と財源を地方に任せてください」という話をしました。

中央省庁の権益と地方住民との間で対立があり、結局は、官邸に主導権がないと進まないため、官邸に分かってもらわないといけないと思っています。

各閣僚には、中越大震災からの復旧・復興で、昨年大きな補正予算をつけてもらったお礼と、特に被災者生活再建関係で国家予算の使い勝手の悪さを話しました。

被災者生活再建支援法関係で、特に住宅の関係、取り壊し・解体撤去費などについては、県単独費（県費は使途制限はなく、住宅の再建にも充当可能）で百万円の上限、国費で三百万円の上限が設定されているのですが、県単独費では六十三億円の支出があったのに対して、国費は十二億円しか支出ができていないという実情があります。制度上さまざまな条件、制約があり地域の実態に合った活用ができないというようなことになっています。地域の実情に合った弾力的な運用を訴えてきました。

第3号① 平成17（2005）年11月18日

原子力総合防災訓練

十一月九、十日に柏崎市と刈羽村で「原子力総合防災訓練」を実施しました。県の原子力防災訓練としては十一回目ですが、国と合同で実施するのは、新潟県では今回が初めてでした。

今回の訓練は、予測可能な管理下にある通常運転中の事故を想定し、過剰な不安と混乱を生じさせることなく、かつ安全で迅速な避難を行うというものでした。

地震などの自然災害の場合、私が本部長となる「新潟県災害対策本部」でいろいろ対応できるのですが、原子力の場合は、危険かどうかは専門家のアドバイスを聞かなければならないので、東京で判断する仕組みになっており、事態が発生してから判断まで長い時間が必要になります。本部長は総理となり、通常の災害とはまったく指揮系統が違うので、テロや自然災害との複合災害を想定した事態に対しては別に訓練を行うことが必要だと思いました。

また、訓練を実施してみると、柏崎市では保育園の園児を一度自宅に帰すべきか、それともそのまま避難所に連れていった方がいいのか、意見が分かれる場面があったそうです。

県でも、道路を封鎖した際に、高齢者などの災害弱者を助けに行きたいという、危険エリア外に住んでいるご家族からの申し入れについての対応をどうするか、ということなど、きちんと方針を出しておかないといけない課題がたくさんあると感じました。

第3号② 平成17（2005）年11月18日

佐渡観光

皆さん、佐渡を訪ねられたことはありますでしょうか？

私は、佐渡は宝島だと思っています。佐渡には、文化財もいっぱいありますし、自然も、それから食も素晴らしい。そして何より、やすらぎが得られます。多くの方々からぜひお越しになっていただきたいのです。

佐渡への観光客は、一番多かった時には年間百二十万人を超えていましたが、昨年は六十万人台と低迷しています。減少分の大部分が首都圏からのお客様なので、ここを改善しなければいけないと思っています。

この秋に、佐渡航路運賃割引の社会実験を行いました。結果をみると、県内にお住まいの方は想像どおり増えているのに比べ、やはり首都圏からの観光客の増え方が、ちょっといまひとつであるという数字が出ています。

その要因として、「首都圏での広告が足りなかったのではないか」と考えているところです。広告費は、すぐに目に見えた効果として表れないかもしれませんが、長い目でみるとボディーブローみたいに効いてくるものだと思っています。

「もっと佐渡の売り込みに力を入れる必要があるのではないか」とも感じています。

私は、この夏、「アスリート系営業マン」として佐渡国際トライアスロン大会に参加し、佐渡観光のPRに努めたところです。引き続き、体を張った営業活動を頑張ってやらせていただきます。

さらに、中国や台湾をはじめ海外のお客様にも喜んでもらえるツアーの企画など、海外への情報発信力を高めなければいけないと考えています。

私だけでなく、関係機関や関係者の皆さんと一緒になって取り組んでいきたいと思っています。

第4号① 平成17（2005）年11月25日

県民募金

八月末にアメリカ南東部を襲ったハリケーン「カトリーナ」で被災した方への県民募金には合計で七八三万七二一五円が集まりました。十一月二十二日に、全額をアメリカ大使館にしっかり届けてきました。たいへん多くの皆さんから募金に応じていただき、ありがとうございました。

また、十月八日に発生し、八万人以上の犠牲者を出したパキスタン大地震への県民募金は十二月十二日まで行っています。十一月二十二日現在で、三二〇万四七八五円が集まっていますが、カトリーナの募金よりも大幅に少ない状況になっています。

パキスタンも、これから冬を迎えます。この冬をちゃんと越せるように、できるだけ多くの皆さんから、温かいご支援をいただければと思っています。

※最終的に「パキスタン大地震」への募金は四一二万八六七九円が集まりました。温かいご支援ありがとうございました。

第4号② 平成17（2005）年11月25日

平成十七年十二月

食育から教育を見る

十一月二十一日、新津・新潟地域において「学校給食から教育を考える——食育から教育を見る」というテーマでタウンミーティングを開催しました。

怖いことに、動脈硬化は、小学生のころから既に始まっているお子さんもいると言われています。また、朝食を取らないと、午前中、頭がボーッとするとか、人によってはお昼ごろになると手が震えてくるお子さんもいるそうです。そこで、ちゃんとした食事を規則正しく取ることが大事になってきます。

それは、しつけの一つなのかもしれませんし、教育の一環なのかもしれません。いずれにしても、すべての人に関係する身近な話題であり、家庭と教育がどうかかわるべきなのかという観点からも大変重要なテーマだと思っています。

ところで、当日は、五泉市の幼稚園で園児の皆さんと一緒に給食をいただいてきました。サトイモや長ネギ、ニンジンなど、地元の食材を使った「地産地消」※を実践されており、薄味の味付けが、食材の本来の味を引き立たせていて、とてもおいしかったですよ。

薄味ということは、一般的に、塩分が少ないということです。これなら新潟県で多い脳卒中などの血管障害を将来的に大きく減らせるだろうと大いに期待しながらいただいてきました。

子どものころに覚えた味というのは、大人になっても忘れないものです。給食をいただきながら、食育は大切だとあらためて感じました。

ちなみに、私が好きだった給食のメニューは、王道のカレーライス。好きなデザートはプリンでした。実はプリンは、今日も冷蔵庫に入っています。ちょっと進化して、マンゴープリンですけど……。

※地産地消……「地域生産地域消費」の略語。地域で生産された農作物や水産物などをその地域で消費することをいう。

第5号　平成17（2005）年12月2日

反町監督ありがとう

サッカーのＪリーグＪ１「アルビレックス新潟」の反町監督が今シーズン限りで勇退されます。

監督は、チームを引っ張って見事にＪ１昇格を成し遂げたり、ジーコジャパン・ドリームチームとの中越大震災チャリティーマッチをしていただいたり、県民の皆さんに夢と感動を与えてくださいました。

そこで、県民の皆さんを代表して、感謝状を贈ることにしました。

先週三日のリーグ最終戦は残念な結果に終わり、ビッグスワンでの有終の美を飾ることはできませんでしたが、試合終了後の反町監督の挨拶に思わず涙された方も多かったのではないでしょうか。

感謝状の贈呈は、あさって十一日の日曜日にビッグスワンで行う予定です。

第6号① 平成17（2005）年12月9日

「ミス納豆」の表敬訪問

十一月二十五日に「ミス納豆」の表敬訪問を受け、知事室で納豆ご飯をいただきました。実は、私は納豆が大好きなので、仕事を忘れて完食してしまいました。そのときの写真は、私のホームページ（http://chiji.pref.niigata.jp/）の「トピックス」というコーナーでご覧いただけます。笑顔がとてもすてきな「ミス納豆」でした。

第6号② 平成17（2005）年12月9日

今すぐ使える新潟弁

私が毎週出演しているキンラジ※で『今すぐ使える新潟弁』というCDをいただきました。忙しかったこともあり、散髪しながら聞きました。

散髪が終わり店を出た途端、新潟弁に戻っている自分を発見してビックリしました。いただいたから言うわけではありませんが、新潟弁の教材としてとても素晴らしいものだと思いました。

二人のアナウンサーからは、「義務教育の一環で県内の学校の教材にしてはどうでしょうか」と言われました。そのときは「ちょっと教育長と相談してみる」とだけ答えました。（笑）

「方言」は、その地域の生活と深く結び付き、その地域の方々の気持ちや感覚を表現しているものです。新潟弁に触れることによって、「新潟県の文化や新潟県の良さの再発見につながってほしい」と思いました。

※キンラジは平成十九（二〇〇七）年三月で終了し、四月から『独占！ごきげんアワー』として再スタートしています。泉田知事は引き続き出演しています。

第7号　平成17（2005）年12月16日

新潟が誇る「日本一の清流」

全国の清流というと皆さんはどこを思い出しますか？

高知県の「四万十川」をイメージする人が多いと思いますが、実は、全国清流ランキング一位は新潟県の「荒川」[※]なんです。

ちなみに「四万十川」は、平成十五年は七十位。平成十六年が百九位となっていいます。いかにイメージづくりが巧みか感心しています。

新潟県でも、清流というイメージをもう少し全国に浸透させる必要があると考えています。

ハクチョウの飛来数も新潟県が日本一です。平成十七年一月の調査では計一万九、九五九羽が確認されています。なんと全国の四分の一のハクチョウが新潟県に飛んできている計算です。

なぜかというと、ハクチョウのねぐらとなる湖沼とその周りに餌場となる水田が多いからです。ハクチョウにとって安心して越冬できる自然豊かな環境が多くあるためといわれています。

ハクチョウにとって過ごしやすい新潟は、環境面で優れているということです。皆さんにとっても魅力ある地域ではないかと思っています。

酒と米以外の新潟のイメージを全国に発信したいと思います。とりあえず、日本一の清流「荒川」を、私と一緒に知り合いの方に宣伝していきましょう。

※荒川……山形県と新潟県を流れ、大石川、女川、鍬江沢川などを合わせて、越後平野の北側を横断して日本海に注いでいる一級河川。名前は同じだが、関東を流れる荒川とはまったく別の川。

第8号　平成17（2005）年12月23日

広域大停電

十二月二十二日、新潟県の下越地方を中心に六十五万戸が停電する「広域大停電」が発生しました。

県庁舎も、非常用の発電装置が機能せず真っ暗になりました。知事室の窓もブラインドが電動のため開けることができず、昼間なのに懐中電灯をつけ、暖房も効かなかったので防寒着を着て執務を行いました。

また、この日は県議会十二月定例会の最終日だったのですが、停電の影響で、薄暗い中、手動でベルを鳴らしたり、マイクが使用できなかったり異例ずくめの本会議となりました。

議場は、十四日以降使用されておらず、冷え切っており、非常に寒かったのですが、知事室と違い、議場では防寒着を着ることができないため、実は防災着の下にカイロを忍ばせて臨みました。

今回の大停電発生に当たり、東北電力に対しては、「一日も早い原因究明と情報公開および再発防止などの徹底」を要請したところです。

また、県に対しても、非常用の発電装置が機能しなかったことなど、ご批判の意見を多くいただいています。今後は、さらなるフェイルセーフ※の充実や防災センター構想を進め、対策をきちんと取っていきたいと考えています。

※フェイルセーフ……故障や操作ミス、設計上の不具合などの障害が発生することをあらかじめ想定して、実際に障害が起こった際の被害を最小限にとどめるような工夫をしておくという設計の思想。

第9号① 平成17（2005）年12月30日

平成十七（二〇〇五）年を振り返って

平成十七（二〇〇五）年を振り返ると、一月の十九年ぶりの豪雪、十二月の風雪による大停電の発生と、「大雪に始まり、大雪で終わる年」でした。

県政としては、災害からの復旧・復興を最優先に全力を挙げて取り組んだ一年でした。被災地の復旧・復興は一歩ずつ進んではいますが、復興への道のりは平坦ではありません。来年の秋までには、すべての被災者の皆様が生活再建の見通しを立てられるよう、引き続き、全力を尽くしていきます。

また、今年は合併ラッシュの年でした。従来百十二あった市町村が、来年三月には三十五になるということで、地方分権が進み、県と市町村の役割が大きく変わっていくと思っています。

全国的なアスベスト問題のほか、県内ではダイオキシン問題も発生しました。このような事態になったのはたいへん残念でした。食の問題は県民の皆さんの命に直結します。「にいがた食の安全・安心条例」などを策定し、県民の皆さんが安心して暮らせる新潟県づくりに取り組んできたところですが、引き続き安全と安心に対する施策の実施に努めていきます。

うれしかったことは、分譲価格引き下げなどによって、県営産業団地の企業誘致の実績が過去最高になったことです。今後も、お客様のニーズに応えるマーケットイン※の考え方を重視し、新潟県を元気にする施策を積極的に打ち出し、成果を挙げていきたいと思っています。

プライベートでは、サッカー日本代表のジーコ監督と握手をしたことが印象に残っています。そのほか、ちょっとミーハーですが、ドラえもんの曲を歌っている夏川りみさんと握手をしたこともとても印象に残っています。

※マーケットイン……一般的には商品やサービスの購買者のニーズを優先し、ユーザー視点で商品開発を行い、ユーザーが求めている数量だけ提供していく経営姿勢のことをいう。

第9号② 平成17（2005）年12月30日

平成十八年一月

平成十八（二〇〇六）年を迎えて

中越大震災の対応に追われていた昨年のお正月に比べると、今年は、少しはゆっくりできたお正月でした。

しかし、木材流出事故、スキー場などでの雪崩、本県からも死傷者が出た羽越線脱線事故、他県ではありますが温泉地での硫化水素ガス事故など年末から年始にかけて心の痛むさまざまな事件・事故が発生しました。

あらためて、安心・安全に生活できる地域づくりに、より一層取り組む決意を強く胸に刻み込みました。

ところで、中国の故事によると、「戌」という漢字は、刃物で作物を刈り、ひとまとめに締めくくる様子を意味するそうです。つまり、「戌年は収穫をする年になる」とのことです。

中越大震災などで被災された人のうち、約九千人の方々が仮設住宅で二回目のお正月を迎えることを余儀なくされました。今年は、「復旧」作業については、被災者の生活再建のめどを立てるなど、ある程度、目に見える収穫ができる年にしたいと思っています。

また、三月には市町村数が三十五になり、平成の大合併は大きなヤマを越え、今年は市町村が実力をつけていく年だと思っています。県としては、中央官庁に依存することなく、県民、市町村に頼りにされる政策官庁への転換を図っていきます。

昨年は、凄惨《せいさん》な事件や事故が多発した年でした。今年はどのような年になるのでしょうか。

私は、さまざまな課題に取り組む中で、「安心・安全」を基本に、皆さんから「明るさ」「希望」を感じてもらえる県政を展開していく年にしたいと考えています。子どもたちの明るい声が響き渡る新潟、生まれ育ち、生活する中で希望とチャンスが生まれる郷土新潟づくりに皆さんと一緒に今年も取り組んでいきたいと思っています。どうぞよろしくお願いいたします。

第10号　平成18（2006）年1月6日

豪雪地域を守ります

この冬の新潟県は、昨年十二月中旬から大雪が続き、津南町などで観測史上最深の積雪となるなど記録的な豪雪となっています。

この豪雪によって、降雪に伴う事故、雪崩の発生、道路や鉄道の不通など、県民生活に大きな支障が生じています。

十三日午前十時現在、死亡者十四人、重軽傷者合わせて百九十二人もの人的被害を受けております。あらためて、亡くなられた方々のご冥福をお祈り申し上げますとともに、負傷された方々にお見舞いを申し上げます。

また、命を顧みず除雪活動をしていただいている自衛隊員の皆さん、豪雪地域外から除雪作業などの応援に駆けつけていただいている、消防団、建設業者、ボランティアなどの皆さんに、お礼を申しあげます。

今週八日から、津南町では、雪崩などの危険があることから、国道４０５号線が通行止めとなり、五集落六十九世帯が孤立状態となりました。

そのため、住民の皆さんの人命を最優先に考え、医療救護班の派遣など各関係機関と連携し、安全な生活の確保に万全を期していきます。

また、私は六日夜には自衛隊へ連絡を取り、七日、八日と津南町、十日町市に行ってきたのですが、住民の皆さんは連日の「雪ほり」で疲労がたまっているご様子でした。

県全体で豪雪地域の皆さんをサポートできるよう万全の態勢を取っていきたいと思っています。

さらに、除雪などには、多額の経費がかかることから、今週、関係省庁に対し、今回の豪雪に対する速やかな対応に向けて、
・異常豪雪に伴う特別交付税の増額配分（総務省）
・県管理道路の除排雪経費に対する国庫補助金の確保（国土交通省）
・市町村道の除排雪経費に対する特別補助措置（国土交通省）

・陸上自衛隊の除排雪装備の整備充実（防衛庁）
・合併市町村に係る災害救助法の特例適用（厚生労働省）
などの措置が至急講じられるように緊急要望活動を行ってきました。

今後、前向きに対応していただけると思います。

関係者の皆さんは、人命と暮らし優先で予算は心配せず除雪を行ってください。

今週末は、気温の上昇が予想され、雪崩への警戒がさらに必要です。県ではパトロールの実施など警戒に当たりますが、県民の皆さんも、くれぐれもご注意されるようお願いいたします。

第11号　平成18（2006）年1月13日

除雪ボランティア

新潟県では毎年、除雪ボランティアを募集し、高齢者世帯などの除雪活動にご協力いただいています。

県内の豪雪地域の市町村には、一人暮らしのお年寄りの方など、その世帯だけでは除雪ができない住宅が多くあるからです。

また、豪雪地域と重なる中越大震災の被災地では、自宅に帰れない方の中には、仮設住宅の雪下ろしと本宅の雪下ろしを二重にやらなければならない方もおられます。

そこで今年度も、仮設住宅や高齢者世帯などの※除雪ボランティアを募集していたのですが、私も、「より多くの皆さんから困っておられる方々を助けていただきたい」との思いから、一月七日に十日町市の仮設住宅での除雪ボランティア活動に参加しました。

昨年十二月からの豪雪によって、現地は想像を超える量の雪で、「今冬はもう九回〝雪ほり〟をしました」と話される方もおられ、疲労困憊《こんぱい》のご様子が切々と伝わってくる状況でした。

私自身は小学生のころから雪下ろしをしており、除雪作業には慣れているのですが、大変な量の雪が積もっており、実際に作業を行ってみて、「県全体でバックアップする態勢が必要である」となお一層強く認識しました。

やはり、何事も現場に行かないと分からないものですね。

ところで、この除雪ボランティアの正式名称は「雪ほりボランティア『スコップ二〇〇六』」といいます。豪雪地域の皆さんは、除雪作業を「雪ほり」と言うからです。

新潟市内など降雪量の少ない地域では、自宅や車庫の前の除雪作業を一般的に「雪かき」と言いますから、降雪量の違いがよく分かります。

その「雪ほりボランティア『スコップ二〇〇六』」の登録者数は、一月六日の時点で二百五十五人でした。おかげさまで、七日以降急激に増えて、一月十八日現在で八百七十八人の方に登録していただいております。本当にありがたいと思っています。

県では、募集時に「除雪作業経験の有無」や「屋根雪下ろし経験の有無」などをお聞きし、ボランティアに登録させていただいています。行っていただく作業内容は、その方の経験に応じており、玄関前などでの「雪かき」などいろいろな形での参加が可能となっています。

すでに除雪活動にご協力いただいたボランティアの皆さん、ありがとうございました。例年であれば、これからが本格的な降雪時期です。今後ともボランティアの皆さんからのご協力よろしくお願いします。

また、外部団体とも協力して、除雪作業の熟練度に応じた受け入れ態勢の整備を進めることも重要だと思っています。ご協力よろしくお願いします。

※除雪ボランティアに関する問い合わせは

県総合政策部地域政策課雪対策室（電話〇二五―二八〇―五〇九六）まで。

第12号　平成18（2006）年1月20日

『めぐみちゃんと家族のメッセージ』に行って

拉致被害者、横田めぐみさんを撮影した写真展『めぐみちゃんと家族のメッセージ……横田滋写真展』（主催・あさがおの会、朝日新聞、新潟日報社）に行ってきました。

笑顔のめぐみさんや楽しそうなご家族の皆さんの写真、そして、滋さんのメッセージ「成長して、嫁に行く時にでも持たせようか、と考え、娘の成長の過程を撮り続けてきました。家族が再び、写真のように幸せに暮らせる日を望んでいます」を拝見し、めぐみさんが拉致された時の年齢と同じぐらいの年ごろの娘を持つ親として胸に迫るものがありました。

本当にご家族の心中を察するに余りある、たいへんな人権の蹂躙《じゅうりん》だと思います。日本は、「国民の生命と安全を何よりも大切に考える政治を行っていかなければならない」とあらためて心に誓いました。

横田さんのケース以外にも、多くの拉致被害者がいます。本県では、※曽我ミヨシさん、※大澤さんの問題も未解決です。拉致された人々の数だけご家族の悲痛なメッセージがあります。

写真展は、新潟市古町の新潟大和で三十一日まで開催されています。入場も無料です。皆さんにもぜひ足を運んでいただき、拉致問題についてもう一度考え直す機会としていただければ幸いです。

※曽我ミヨシさん……帰国した拉致被害者、曽我ひとみさんの母親で、昭和五十三（一九七八）年八月に娘のひとみさんと一緒に拉致された。当時の年齢は四十六歳。北朝鮮側は「曽我ミヨシさんは北朝鮮に入境していない」としており、消息はいまだに不明。
※大澤（孝司）さん……昭和四十九（一九七四）年二月、曽我ひとみさんが拉致された現場に近い佐渡市新穂（旧新穂村）で突然姿を消した。当時の年齢は二十七歳。日本政府による拉致認定はされていないが、特定失踪者問題調査会は『北朝鮮に拉致された疑いを否定できない失踪者」としている。

第13号①　平成18（2006）年1月27日

豪雪「風」評被害一掃します

一月二十五日に、インフルエンザの注意報を発令しました。今後、流行の拡大が予想されますので、皆さん、「風邪ぐらい」とバカにせず、体調管理には十分気をつけてください。

ちなみに、「風邪」と言えば、私は、「鼻からくる風邪」をひくことがあるのですが、今年は鼻炎になっている場合ではありません。豪雪による「風」評を吹き飛ばすくらい「鼻息」が荒い、というか、それくらいファイト満々ですから。

もうすぐ、新潟県から十三人もの選手が出場するトリノ五輪が開幕します。選手の皆さんのご活躍という「追い風」に乗った県内スキー観光の盛り上がりを期待しつつ、私は、本日早速、東京・日本橋での「豪雪風評被害対策緊急ＰＲイベント」ならびに「国土交通省への要望」に「出場」します。

官民一体となって、「新潟県内の観光施設へのアクセスは確保されており、各地域は万全の態勢を整えてお客様をお待ちしております」というメッセージを発信し、誘客促進を図っていきます。皆さん、ご支援よろしくお願いします。

第13号② 平成18（2006）年1月27日

平成十八年二月

日本文理高等学校――センバツ出場決定

一月三十一日、第七十八回選抜高等学校野球大会に、本県の日本文理高等学校の出場が決定しました。

日本文理高等学校の皆さん、センバツ初出場おめでとうございます。

昨年末から大停電発生、豪雪と続く中、県民の皆さんに明るい話題を提供していただいたと大変喜んでいます。

新潟県は、全国唯一のセンバツ大会未勝利県です。今大会の入場行進曲「青春アミーゴ」風に言うと、「地元じゃ負け知らず」のチームが出場しているのですが。今回こそ、新潟県の新しい歴史をプロデュースしてほしいですね。

選手の皆さんに変なプレッシャーを与えるつもりはないのですが、本県の悲願であるセンバツ大会初勝利に向け、悔いが残らないようしっかりトレーニングを積んでほしいと思っています。

選手の皆さんが目標をクリアするために、個々の技術・体力のレベルアップ、チームプレーの向上、そして、大舞台で普段の力を発揮できる精神的強さの鍛錬などに、精いっぱい取り組めば、必ずや勝利の女神はほほ笑んでくれると信じています。

私は、サッカーと同様に野球も大好きです。それも元気ハツラツ、グランドを駆け回る高校野球が特にです。

春の甲子園、文理高ナインの元気あふれるプレーが、この冬豪雪に見舞われている新潟県に春を、そして、新潟県全体に元気をもたらしてくれます。健闘を祈っています。

※日本文理高等学校は一回戦で高崎商業（群馬）を四対三で破り、新潟県勢として初出場から四十八年目にしてセンバツ初勝利を見事にあげました。その勢いで二回戦の北大津（滋賀）も六対三で勝利。一気にベスト8入りを果たしました。本当におめでとうございます。

第14号　平成18（2006）年2月3日

命をつなぐ高速道路

二月七日、国土交通省の国土開発幹線自動車道建設会議において、日本海沿岸東北自動車道の中条―朝日間について、「中条―荒川」間がこれまでと同様に有料道路方式（高速道路株式会社が建設し、通行料は有料）で、「荒川―朝日」間が有料道路方式から新直轄方式（国と県が建設費用を負担し通行料は無料）に切り替えられて整備されることが決定されました。

これは、「中条―朝日」間の高速道路の在り方について、本県の意見を尊重した結果の決定です。

今回、私が国土交通省に回答するに当たっての決断のポイントは、「時間との勝負」でした。

ちなみに、「荒川―朝日」間の採算性は全国最下位です。有料道路方式ですと、整備がいつになるのか分からない状況の中、

①新潟県の経済発展にとって日本海側の高速道路ネットワークの完成が重要であること
②中越大震災で再認識したのですが、高速道路は大災害時に大変重要な社会資本であること

などから、新直轄方式にギアチェンジし、高速道路整備のスピードを加速させる必要性があると判断したのです。

そして、何といっても、「命をつなぐ高速道路」だということです。救急病院への搬送「時間」を短縮し、安心・安全な救急医療体制を確立したいのです。

現在、村上市から新発田市の第三次救急医療施設まで一時間近くかかっていますが、高速道路によっておよそ三十分で搬送できるようになります。

新直轄方式によって地元負担が生じることになりますが、高速道路がもたらす便益を考慮すれば、必要な投資と考えています。

今後は、「本県・朝日—山形県・温海」間の整備について、引き続き、山形県との連携をより一層強め、国にしっかりと要望していきたいと思っています。

第15号　平成18（2006）年2月10日

新潟県「夢おこし」政策プラン

今週二月十四日は、バレンタインデーでした。皆さん、甘いものの食べすぎには注意しましょう。

さて、私はこの日、新潟県民の皆さんへの「贈り物」として、新潟県「夢おこし」政策プラン（素案）を発表しました。政策プラン検討会議委員の皆さん、ご協力大変ありがとうございました。

この政策プランは、私の選挙公約時のマニフェストに肉付けをして、県の行政計画とするもので、県政運営方針の最上位の計画として位置づけるものです。

県には以前から、長期総合計画という計画がありました（十七年度末で廃止）。この計画は、国の全国総合開発計画に準じた地方計画という側面があり、中央から地方へと画一的に定められてきた傾向がありました。

そこで、「夢おこし」政策プランでは、

①総合的な計画よりも選択と集中に重点を絞った計画へ
②目標を明確にした県民に対する公約公表型へ
③中央から地方への縦割り行政から地域の実情に合った行政運営計画へ
という観点から、分かりやすく県の基本方針を示すことにしました。

中央省庁のレシピによる既製品チョコレートではなく、県民の皆さんの嗜好《しこう》に合った県独自の手作りチョコレートをつくった、という感じです。

また、簡単に枠組みをいうと、中越大震災を大きな転換点に、その後の十二年間をにらみ、四年ごとに見直しを図りながら、「将来に希望の持てる魅力ある新潟」「住みたい新潟、行ってみたい新潟」を目指します。

また、現在、この政策プランに盛り込む具体的な「夢おこし政策」について、県民の皆さんの意見を募集しています。

素案をよく吟味していただき、ご意見をぜひお寄せください。

三月十三日まで募集しています。いただいたご意見は、担当部局で取りまとめの上、翌日には私の手元に届く予定です。そうです、その日十四日はホワイトデーです。県民の皆さんからの「お返し」を今から楽しみにしています。

第16号　平成18（2006）年2月17日

満足いくサービスを五十分の一の費用で

先週二月十六日、今年度最後（九回目）の「タウンミーティング」を開催しました。タウンミーティングは、就任以来、地域との重要なコミュニケーションと考えて実施しています。

今回の新潟地域でのテーマは「新しい地域ぐるみの高齢者介護に向けて」でした。そこでパネリストの高齢者ケアセンター施設長の小山剛さんから、「従来の大規模ホーム（特養）※から、小規模多機能型居宅介護の施設へ」という問題提起をいただきました。

高齢者介護というと、市町村長さんたちには、「特養を作ってほしい」との強い要望があります。しかし、特養は、ハード面で高額な投資が必要です。入所者一人分のスペース十三平方メートルに千三百万から最高で四千八百万円もかかります。家が一軒建つ値段ですが、これは全国一律の基準によるからです。

小規模多機能型施設だと、最高額の五十分の一ぐらいの費用で同様のサービスが提供できるそうです。市町村長さんたちからも、現場をぜひ見ていただきたいと思います。

私も、タウンミーティングに先立って視察してきました。利用者の方々はみんな、住み慣れた地域で暮らせることに大変満足されていらっしゃいました。

これは、高齢者介護サービスだけに限ったことではありません。制度があって人があるわけではないのです。人がいて、その人の暮らしやすさや尊厳を守るために制度があるのです。

明日から織田裕二さん主演の『県庁の星』※が公開されます。私は原作本を読みましたが、「結局は人が変わらなければ組織は変わらないんだ」という感想を持ちました。

制度至上主義になりがちな行政を変えるためには、県職員、市町村職員の意識改革が必要です。たくさんの職員が『県庁の星』を観てほしいです。

なお、タウンミーティングは来年度も開催します。皆さんからの「現場」の声をお待ちしておりますのでよろしくお願いします。

※特養……特別養護老人ホームの略称。身体や精神に障害などがあり、家庭での介護が難しい六十五歳以上の高齢者が入所する施設。入所者にとっては生活の場であり終の棲家なっている。

※『県庁の星』……あるキャリア公務員が民間企業との人事交流研修で苦闘する様子を描いた映画。監督は西谷弘氏。原作は桂望実氏の同名の小説で、漫画化もされている。

第17号　平成18（2006）年2月24日

平成十八年三月

トリノオリンピックで本県選手が大健闘

二月十日から十七日間にわたり熱戦が繰り広げられた「トリノオリンピック」が幕を閉じました。

十三人の本県選手が参加し、スキー、スノーボード、バイアスロン競技で世界を相手に堂々とした戦いを見せてくれました。

中でも湯沢町出身の皆川賢太郎選手は「アルペンスキー回転男子」で一〇〇分の三秒差と惜しくもメダルは逃しましたが四位入賞。日本アルペン界にとって五十年ぶりの快挙となり、県民はもちろん日本中が熱く燃えました。

皆川選手をはじめ、選手の皆さんが世界の大舞台で、プレッシャーに押しつぶされることなく力を発揮されています。自分の持っている力を出し切る精神力のすごさ、そしてさまざまなドラマに、私も心から感動しています。

さて、二月二十日に開会された県議会で、先日、県内でスキーを授業に取り入れている学校の割合について質問が出ました。みなさんはどのくらいだと思いますか？

実は小学校で46％、中学校で26％となっています。

子どものうちからスポーツに親しむ機会を増やし、スポーツ人口の裾野《すその》を広げることによって、平成二十一年に予定されている「トキめき新潟国体」、さらには次のオリンピックで活躍する選手を生み出すことにつながっていくことを期待しています。

また、国体やオリンピックなどのスポーツの頂点を目指すだけでなく、健康で長生きするためにも、県民の皆さんがそれぞれの状況に応じてスポーツに親しみ、運動習慣を持っていただけたらと願っています。

私自身もスキーが大好きなのですが、最近はあまり機会がなく、ちょっと残念です。これからも定期的にスポーツに親しみながら、気力、体力の充実に努め、県政運営に全力を尽くしたいと思っています。

第18号　平成18（2006）年3月3日

義援金・物資寄付者に感謝を申し上げました

東京都内で三月七日、新潟県中越大震災に際して多額の義援金や義援物資を寄付された方々に対し、国から授与された紺綬褒章《こんじゅほうしょう》をお渡しし、併せて私からも感謝状を贈呈させていただく式典がありました。

紺綬褒章とは、叙勲・褒章などの栄典の一つで、公益のために多額の私財を寄付した個人や企業・団体に対し授与されるものです。

式典にお越しいただいた方は、車いすで来られたご高齢の方や大企業の社長さんなどさまざまですが、大きな被害を受けて対応に明け暮れていたあのころ、被災地のために大きなご支援をいただいた方々です。

お一人ずつに紺綬褒章をお渡しし、「本当にありがとうございました」と申し上げました。

震災からの復旧・復興には多額の公的資金が投入されていますが、「家屋などの私有財産の再建には使えない」という制約があります。こうした中、皆さんからいただいた義援金は、配分委員会を設けて公正に配分を決めた上、被災者の家屋の建て替えや修繕、物資の購入費用などに充てられ、大変喜ばれました。

こうした温かいお心遣いがどんなにか心の強い支えになったことでしょう。九十万件近い義援金や義援物資をお寄せいただいた国内外の皆さんに、あらためて心より感謝を申し上げます。

あの震災から一年五カ月がたちましたが、今も八千人弱の被災者が仮設住宅での生活を続けています。そのうち約六百人は「いまだに生活再建の方法を決めかねている」とうかがっています。

被災者全員が、一人残らず、一日も早く生活再建のめどを立てられるようにするためどうすればよいか、工夫を凝らしていきたいと思います。また、今後はこうした私たちの経験を全国の皆さんにお伝えし、将来どこかで災害が発生したときには真っ先にお役に立てる新潟県になっていくことがご恩返しではないかとあらためて心に刻みました。

第19号　平成18（2006）年3月10日

県産農林水産物のブランド化

皆さんは「新潟の特産物は何ですか？」と聞かれたら、どう答えますか。

東京にある「表参道・新潟館ネスパス」※が行った意識調査によると、首都圏の八割の人が「コシヒカリ」と答えています。やはり米どころ新潟の「コシヒカリ」は抜群の知名度ですね。

お米のほかにも、まだまだ新潟にはおいしいものがたくさんあります。昨年、サッカー日本代表が来県したときに、イチゴの越後姫を差し入れたところ、選手の皆さんから「おいしい」と大変喜ばれ、「お代わり」の希望が出るほどでした。

ただ、残念なことに、全国的にはほとんど知られていません。

そこで、「新潟県産」イコール「おいしくて高品質かつ安心」という新潟ブランドを確立するために、今年から、イチゴの「越後姫」、西洋梨の「ル・レクチエ」、「佐渡産のブリ」、「にいがた和牛」の四品目について、重点的にブランド化を図っていきます。

例えば、佐渡産のブリは、鮮度管理を徹底することで高品質を維持し、それをきちんとＰＲすることで信頼感をつくりたいと思います。

また、少しずつ有名になっている佐渡の海洋深層水を活用した鮮度保持施設を整備し、先進技術を駆使した水産業のイメージも高めていきます。

おいしい佐渡産のブリが首都圏で売られているので、食べた人から口コミで伝わっていくような戦略も考えていきます。

「知る人ぞ知る、新潟の○○○」から「新潟と言えば、○○○、△△△、あと、□□□もおいしいね」と多くの人から言われるように、県産農林水産物のおいしさを積極的に情報発信していきたいと思っています。

※表参道・新潟館ネスパス……東京・表参道にある首都圏における新潟県の情報発信拠点。表記は「N' ESPACE」で「N」は、新潟、ネットワーク、ひと・コト・モノ情報など新潟のニュースなどを表し、「ＥＳＰＡＣＥ」はフランス語で空間やスペースなどの意味を表している。

第20号　平成18（2006）年3月17日

海上国道

海の上に国道があるって知っていますか。

実は県内には、全国的にも珍しい海上国道があります。それは新潟市を起点として佐渡市の両津・小木を経由し、上越市の直江津を終点とする国道３５０号です。

総延長約二百キロの四分の三に当たる約百五十キロが海上区間、つまり佐渡航路（「新潟・両津」航路、「小木・直江津」航路）となっています。

佐渡島内だけでは、国道の指定要件に該当しません。しかし、離島振興の観点から、海上におけるルートについては道路（橋や海底トンネル）がなくても、フェリーなどによって都市部を結ぶ一本の交通系統としての機能があるものと判断し、海上航路を道とみなして国道に昇格させるというウルトラC級の解釈がなされ、昭和五十年に佐渡島民悲願の国道が誕生しました。

佐渡航路は、佐渡島民の生活航路であるとともに、観光航路という側面もあります。乗船人員の比率では一対九と圧倒的な観光航路です。しかしながら、佐渡の観光客は平成三年の百二十一万人がピークで、昨年は六十八万人と半分近くまで減っています。

来月四月は、佐渡の春を告げるメインの行事である「佐渡島まつり」があり、鬼太鼓やおけさパレードなどの郷土芸能や大漁船パレードが行われます。また、雪解け後は、ドンデン山のトレッキングや、五月には大野亀の黄色のカンゾウの花も楽しめます。

そうそう、夏には和太鼓の「鼓童」※のアースセレブレーションや、去年私も出場したトライアスロンもあります。

おいしい空気を吸って佐渡でリフレッシュ。思い出がいっぱい詰まった宝の島として、「また行ってみたい！」と思っていただけたらと思います。

今なら春の観光キャンペーン、激安「春割きっぷ」(平成十八年は四月二十七日までした）も発売中です。ぜひ、皆さん佐渡に行きましょう。草木だけでなく、観光客もなびくように。

ところで、国道の名称は「国道○○号線」だと思っていませんか。正式には「国道○○号」が正しく、「線」は付けないんです。実は私も、最近知りました。

※鼓童……太鼓を中心とした伝統的な音楽芸能のグループ。佐渡を拠点にしているが、活動は全世界で行っている。

第21号　平成18（2006）年3月24日

新年度の新たな出会い

今日は平成十七年度最後の日です。県庁では新年度に向けて事務の引継ぎや事務室の引っ越しなどが行われ慌ただしい一日になりました。

私を支えてくれた二人の副知事をはじめ、退職する職員、中越大震災の復興のために本県に応援に来てくださった他県の多くの職員の方々とも本日でお別れです。

ところで、ご存じの方も多いと思いますが、新潟県は進学や就職、転勤などで、県内に転入する人と県外に転出する人の数を比べると、転出する人の数が多くなっています。

これは高校を卒業して、県外に進学あるいは就職する人が多く、特に大学へ進学する人のうち、七割の人が県外の大学に進学してしまうことも大きな要因です。

現在、平成二十年度の開学を目指して、県立大学を設立するよう準備を進めています。県外の大学と比較しても遜色《そんしょく》のない十分魅力的な大学にするべく構想を練っているところです。

志を抱いた若者が、新設された県立大学で大いに学び、時には遊び、その成果を卒業後は県内でぜひ発揮していただきたいと思っています。

また、大学への進学に限らず、専門学校などへの進学や就職を機会に、多くの方々が新潟に来て暮らしていただきたいと思います。就職や起業などステップアップするチャンスをきちんとつかめるように、県は支援や協力を惜しみません。

新潟県が、若者からシニアまで魅力ある住んでみたい、行ってみたいふるさとになり、各地で多くの笑顔に出会えることを楽しみにしています。

明日からはいよいよ新年度です。学校や企業では期待と不安を胸にしたピカピカの新入生や新入社員を迎える季節です。県庁でも新体制に移行します。

私も気分を新たに、待ったなしの課題に取り組んでいきたいと思っています。

第22号　平成18（2006）年3月31日

平成十八年四月

やればできるんです

春の選抜で八強入りを果たした日本文理の奮闘は、「やればできる」という自信と感動と夢を与えてくれました。私の心の中では、感動の余韻がまだまだ続いています。本当にありがとう。

夏の大会に向けて、日本文理はもちろん、県内の高校野球の選手の皆さんには自信を持って邁進《まいしん》してほしいと思います。暑い夏に熱い感動を今から心待ちにしています。

ところで皆さんは、県外や世界に向けて、新潟の魅力や宝物をいくつ自慢できるでしょうか。

日本一の夕日、日本一の雪景色、日本の原風景ともいえる棚田などの自然はもちろんのこと、新潟には歴史や文化など、地域の方々が誇りと愛着を持っている宝物がまだまだ眠っていると思います。

そんな新潟の宝物を県民の皆さんと再発見し、新しい物語性やテーマも加えて磨き上げ、自信を持って情報発信し、地域の活性化や交流人口の拡大を図りたいと考えています。

私もこの四月から日曜の午前十一時四十五分から正午までの「FM PORT」（新潟県民エフエム放送）のラジオ番組「ヒロ&ヒロの新潟ステキ再発見！」への出演を始めたところです。これからリスナーの皆さんと、新潟の宝物、ステキをどんどん再発見していきたいと思っています。

さて、日銀新潟支店が三日に発表した三月の県内企業の景況感が八年九カ月ぶりに全国を上回ったとの明るいニュースがありました。

「病は気から」といいますが、私は「景気も気」からという前向きな気概を持って県政に取り組みたいと思っています。

高校野球も、新潟のステキ発見も、新潟の景気をさらに上向きにすることも、みんなみんな、県民の皆さんと一緒にやればできる。頑張りましょう。

第23号　平成18（2006）年4月7日

少子化に歯止めをかけます

今週四月九日、山形市で開催された「猪口少子化担当大臣と地方自治体トップとの東北ブロック会合」に出席し、猪口大臣（当時）と少子化対策について意見交換をしてきました。

新潟県の合計特殊出生率（一人の女性が一生の間に産むと考えられる子どもの人数）は、全国平均を上回っています。にもかかわらず、新潟県は全国より七年早く人口減少が始まっています。

これは、子育てを担う若者、夫婦が県内に残らず、県外に出ていってしまっている、つまり、社会動態がマイナスになっていること（社会減）が最大の要因です。

本県の人口の社会減については、年間約一万人が減るうち、その約八割は三月に減っています。また、年齢別の県外転出者は、二十～二十四歳の方々が最も多く、働く場・教育の場を求めて若者が県外に流出しているのです。

つまり、新潟県で生まれ、愛情とお金をかけて大切に育てた子どもたち、この貴重な人財（人的財産）が都市圏の発展に貢献しているという構造になっています。

若者の県外転出による社会減が、生まれる子どもの減少という自然減をもたらしているのです。

そこで子どもを産み育てたところに財源が還流する仕組みを考えていただきたいと思い、猪口大臣には地方で産み育てた子どもたちが大都市圏に流出していくことに対する地方への補填《ほてん》として「人財育成移出交付金」制度の創設を強く要望してきました。

今後、私は地方の役割として、社会減対策に力を入れていきます。もちろん、社会減対策だけでなく、自然減対策についても猪口大臣には、「子どもの成長に合わせた育児給付金の拡大」を要望しました。近年、合計特殊出生率が上昇に転じた国では、日本よりも充実した公的給付を行っているからです。

今冬、トリノ五輪やW杯などウインタースポーツで新潟県選手が大活躍しましたが、その中には県外出身の方々がおられます。また、製菓技術者の世界大会で県選手が銀メダルを取りました。

「新潟に行って世界を目指す」という新潟起点の流れが生まれています。私は、この流れを大切に育て、貴重な人財が「起点」新潟に集まる社会増の仕組みづくりに取り組み、少子化に歯止めをかける思いを一層強く持ち、海（日本海）を見ながら、山形県から「起点」に帰ってきました。

第24号　平成18（2006）年4月14日

花のにいがた――春の観光キャンペーン

先週は各地で桜の開花便りが届き、週末には観光地も花見客で賑わいました。皆さんはもう花見には行かれましたか。

新潟県では、春の観光キャンペーンとして「にいがた花物語」を展開し、多彩な企画を用意しています。花を題材に「詠む」「撮る」「歩く」「描く」の四つのテーマで、県内に数多くある花のスポットを紹介し、その道の達人を招いてのイベントを毎月開催しています。

新潟県は、チューリップの切り花、サツキ、アザレアなどの花木類で全国一位の生産量と販売額を誇っています。また、ユリの切り花は、出荷量は全国三位ですが、販売額では全国一位で、品質の高い切り花を生産していることが評価されています。

先月には、世界初の「青いユリ」の開発に向けて、※サントリー株式会社と共同研究の契約を行いました。実現すれば世界初の品種が誕生し、新潟のユリの素晴らしさをあらためて世界に向け発信することできます。「世界にひとつだけの花」として新潟から世界へ飛び出してほしいと願っています。

世界へ羽ばたく新潟の花といえば、もちろんチューリップ。昨年からは切り花のロシアへの輸出が始まり、大変好評です。県内でも、これからは「※花絵プロジェクト」や花畑の見学など、チューリップを題材としたイベントが各地で開催されますので、ぜひお出かけください。

チューリップは花色や花の形の種類が豊富で多くの品種が栽培されていますが、その大半はオランダで育成された品種です。そこで県では、オリジナル品種の開発も行い、新しい品種が続々と登場しています。新潟生まれ、新潟育ちのチューリップが世界を駆け巡る日が待ち遠しいです。

また、県内には、他の地方ではあまり見ることのできない貴重な花、たとえば雪割草、カタクリ、カンゾウ、ヒメサユリなどの群生地があります。これらの植物は、地元の方や県内愛好家の皆さんの熱心な活動によって、植生が保護されています。ハイキングコースが整備されたところもありますので、自然を守りながら、可憐な花を楽しんでください。

そうそう、隠れた花見スポットとして、一面に広がる桃畑と梨畑の花もお薦めです。近くを通ったら、ドライブの手を少し休めて、眺めてみるのもいいですよ。

※サントリー株式会社……洋酒、ビール、清涼飲料水などを扱っている総合企業。フロリジン社と共同でバイオテクノロジーを駆使し、不可能の代名詞とされる「青いバラ」の開発に初めて成功した実績を持つ。

※花絵プロジェクト……チューリップの花で描いた絵で街を飾る祭り。平成五（一九九三）年から毎年四月に行われている。

第25号　平成18（2006）年4月21日

みんなで止めよう「地球温暖化」

昨年から耳にするようになった言葉に「チーム・マイナス６％」があります。これは環境省が中心になって進めている地球温暖化防止運動のことで、昨年夏の「クール・ビズ」をきっかけとして、多くの企業、個人も参加して大きな動きとなりました。

６％の意味は、大気中の二酸化炭素（CO_2）などの温室効果ガスの増大による地球の温暖化防止を目的として一九九七年に締結された京都議定書により、日本がCO_2の排出量を一九九〇年に比べて６％削減するという目標値です。この取り組みには県としてはもちろんのこと、私自身も昨年五月にチームメンバーに登録しました。知事の個人登録としては全国第一号でした。

県庁内でも職員に呼びかけて、軽装にすることによって冷房温度を二十八度とやや高めに設定して燃料使用量を減らした結果、本庁舎だけで以前と比べてCO_2換算で三十三トン、金額にして約百万円の削減効果がありました。オフィスで省エネに取り組むと、家庭においても意識が高まるとのこと。このときの成果はお金に換算できない大きなものがあったと思います。

一人ひとりのレベルで、夏は薄着、冬は厚着をして冷暖房温度を適切に調節する。水道の蛇口はこまめに閉める。無駄なアイドリングはやめる。エコ製品を選んで買う。過剰包装を断る。コンセントをこまめに抜くなどして、皆さんも温暖化防止に取り組みませんか。

取り組みのきっかけに「チーム・マイナス６％」のメンバーになるのも良い方法です。

第26号① 平成18（2006）年4月28日

ゴールデンウイークは秋山郷へ

明日からはゴールデンウイーク。平成十八年豪雪で有名になった津南町の秋山郷にも遅い春がやって来ました。県内で春の訪れを一番待ち望んでいたのは秋山郷の人たちかもしれません。

春は雄大な山々に新緑があふれ、秋山郷では時間がゆったりと流れて、訪れる人を穏やかな気分にさせてくれます。

ぜひ一度訪ねてみてはいかがですか。近くの十日町や小千谷などの蕎麦《そば》も絶品ですよ。

第26号② 平成18（2006）年4月28日

平成十八年五月

すべての被災者が安心して暮らせる日々を

中越大震災からちょうど一年半が経った四月二十三日、小千谷市と長岡市の仮設住宅を訪問し、被災者の方と生活再建についての意見交換を行いました。

仮設住宅には、三月末現在で改築など一時的な入居も含め二、三七一世帯、七、五七二人もの方が生活しています。生活再建のめどが立たない方についても、五月中には自宅を再建または修理するか、公営住宅に入居するかの方針を決めないと、三度目の冬も仮設で迎えることになりかねません。

そこで、生活再建する上で課題となる点について、重点的にお話を伺ってきました。

皆さんからは、「住宅再建のための資金の手当てへの不安」「ペットと一緒に公営住宅に入居できるのかが不安である」などの話が出されました。

私からは、住宅の再建資金は再建する住宅を担保として融資を受けることができる「リバースモーゲージ」※という制度を復興基金で作ったことをお話ししたところ、「検討してみたい」という方もおられました。ペットとの同居については、市で検討を始めました。

なお、公営住宅の供給数は十分ありますので、「希望する方が不安を感じないよう早めに入居の内定通知を出してほしい」と、逆に私の方から市職員へ「陳情」もしてきました。

一方、生活再建のため仮設住宅を退去する世帯が多くなると、震災後も仮設住宅で培われてきた地域コミュニティーが壊れてしまうことを大変心配しています。今後は、残された方の心のケアが重要な課題となってきますので、地域コミュニティーが再び守られるよう取り組んでいきたいと思います。

今回の意見交換会では、こまごまとした施策の情報がきちんと伝わっていくことが極めて重要だということをあらためて認識しました。どういう制度が使えるのかが現場の職員に届いていないと、個別に事情の異なる住民の相談に十分対応できないということがあります。関係者で情報を共有し、合意を得ながら進めていかなければならないと強く感じました。

今日は「こどもの日」。庭先では「鯉のぼり」が風に吹かれて気持ちよさそうに泳ぐ姿が見えます。復興のシンボルの一つでもある「錦鯉」も、新潟から世界へ、再び力強く泳ぎ出していく日が来ることを心から待ち望んでいます。

※リバースモーゲージ……所有する自宅を担保にして自治体や金融機関などから年金代わりにお金を借りて、死亡時にその自宅を売却するなどして一括返済する仕組み。アメリカなどでは、公的年金を補う制度として普及している。

第27号　平成18（2006）年5月5日

水俣病犠牲者慰霊式に参加

五月一日、熊本県水俣市で開かれた「水俣病犠牲者慰霊式」に出席してきました。

水俣病※は、高度経済成長の中で起きた大変な悲劇であり、被害者の皆さんは現在の日本社会が獲得した「より安全で改善された環境が整備される過程での尊い犠牲者である」と再認識させられました。

水俣病を公式に確認してから半世紀も経過しているにもかかわらず、現在の社会が、いまだに被害者の苦難を受け止めきれていない現実を見て、あらためて人智の限界を感じました。

すでに新潟でも同じ過ちが繰り返されていますが、これ以上同じことを繰り返さないため、私たちがなすべきことは非常に多いと思っています。

まず、被害者に対する救済を行い、社会として差別や偏見をなくし、将来に対して水俣病とは何だったのかという本質的な意味を伝えていかなければなりません。

また、差別や偏見をなくし、失われた地域の絆の回復にも取り組んでいきます。社会のために犠牲になった人々をいかに支えていくかという教育も大変重要であり、この点についても対応していきたいと思っています。

私たちにとっても過去の問題ではなく、将来に向かって新潟の環境をいかに守っていくのかという問題であることを多くの方々に知っていただき、ふるさとに誇りを持てる社会をつくっていく必要性を強く感じて帰ってきました。

この気持ちをこれからの政策に反映させていきたいと考えています。

※水俣病……高度経済成長期に発生した四大公害病の一つ。メチル水銀による水質汚濁が原因で、一九五〇年代半ばに熊本県水俣湾付近で発生が確認されたためこの名前がついた。その後、一九六〇年代半ばに新潟県阿賀野川下流域でも同様の健康被害が発生しているのが確認され、「第二水俣病」「新潟水俣病」などと呼ばれている。

第28号① 平成18(2006)年5月12日

「開港都市」でサミット開催を

新潟市が二〇〇八年に日本で開催される主要国首脳会議(サミット)の開催地[※]として横浜市と共同で立候補することになりました。

日本近代化の発祥の地といえる「開港都市」で開催しようとする両市の取り組みに、県として全面的に支援していきたいと考えています。

日本海側と太平洋側の格差是正という意味で、開催前年に日本海側唯一の政令指定都市になるであろう新潟市でサミットを開催することは、大変意義があります。

さらに、東アジア諸国などとも交流が盛んな港まち「NIIGATA」、欧米と交流が盛んな港まち「YOKOHAMA」という、日本海側と太平洋側でサミットを開催することは、東アジア地域の平和と安定にも資するという日本の姿勢を世界に示すメッセージとしても意義があると思っています。

新潟といえば、お酒と米というイメージがありますが、それだけではない「日本のウエストコースト」、美しいまち「NIIGATA」を世界中にアピールする絶好の機会にもなると期待しています。

また、中越大震災の際に、世界中の皆さんから心温まるご支援をいただいていますが、十分なお礼ができていないと認識してます。

サミット開催時に、日本の原風景が残るふるさとが復興している姿、「復興の新潟モデル」をお見せすることで、世界中の皆さんへのご恩返しにしたいと思っています。

新潟市、横浜市、そして関係機関の皆さんとサミット誘致に向け全力で取り組んでまいります。ご支援よろしくお願いします。
※サミット首脳会合は北海道洞爺湖町での開催となり、新潟市では労働大臣会合の開催が決定となりました。

第28号② 平成18（2006）年5月12日

世界に羽ばたく「NIIGATA」

来月ドイツで開かれるサッカーW杯の日本代表チームのメンバーも決まり、いよいよ四年ぶりの熱戦が始まります。

サッカーといえば、二〇一六年夏季五輪の国内候補都市に立候補した福岡市からサッカー会場に新潟スタジアムビッグスワンを活用したいと県に要請があり、これを承諾しました。

オリンピックのサッカー会場は、予選で二万人以上、決勝で五万人以上の収容

人員が必要になります。また、男女合わせて五十試合以上もあり、良好なピッチ

（芝）で試合を行うために複数の会場が必要です。

新潟は福岡と空路で約一時間半の直行便で結ばれているため、世界的な視野から見ると、福岡の隣みたいなものですね。

オリンピックの国内候補地の決定は八月、開催地は二〇〇九年に決まりますが、ビッグスワンの素晴らしいピッチの上で世界の強豪の試合が繰り広げられたら、本県の魅力を世界に発信できる絶好の機会になると考えています。

また、先週のメールマガジンでも書きましたが、新潟市が二〇〇八年に日本で行われるサミットの開催地として、横浜市と共同で立候補しました。

五月十六日にはサミットを誘致するために行政や経済団体が合同で活動する誘致推進協議会の設立総会も開かれました。

協議会ではサミットの開催計画書の作成、誘致機運を高めるための広報活動などを行ってきます。私も協議会の特別顧問の任に就き、県が持つネットワークを生かし、県と新潟市が一体で誘致を実現したいと思います。

オリンピックやサミットを通じて、新潟が世界的なスポーツの祭典や国際会議を開催できる魅力を持っていることを、国内外の多くの人に知っていただきたいと思います。

※東京と福岡が争っていた二〇一六年夏季オリンピックの国内候補地は、平成十八（二〇〇六）年八月ＪＯＣ（日本オリンピック委員会）の選定委員会の投票で東京に決まりました。

第29号① 平成18（2006）年5月19日

本県出身の二人が共演――『明日の記憶』

五月三日に新潟市内で映画『明日の記憶』※の共同記者会見があり、出演された渡辺謙さんと樋口可南子さん、監督の堤幸彦さんのお三方の記者会見で花束を贈呈しました。

ご存じのとおり主役の渡辺さんは魚沼市、奥様役の樋口さんは加茂市のご出身で、ともに新潟県にゆかりの深いお二人が夫婦役を演じています。

渡辺さんはとても気さくな方で、ハリウッドで活躍するスターなのですが、近づきがたいという感じはしませんでした。樋口さんは、記者会見のために仕事にきているのか、ふるさとに帰ってきているのかよく分からないとおっしゃっていました。ちなみに、樋口さんは私の小・中学校の先輩でもあります。

若年性認知症の問題をテーマにしたとてもいい映画で、本当に多くのことを考えさせられました。最後のシーンではなんともいえない余韻が残ります。お薦めしますので、皆さんも映画館へぜひ足を運んでください。

※『明日の記憶』……若年性アルツハイマー病に侵された男性と、それを共に乗り越えようとする妻の夫婦愛を描いた映画。原作は第十八回山本周五郎賞を受賞した荻原浩の同名長編小説。監督は『トリック』や『ケイゾク』の堤幸彦氏。

第29号② 平成18（2006）年5月19日

COOL ASIA 2006に参加

五月三十一日に東京の「表参道・新潟館ネスパス」の近くに新しくできた「表

参道ヒルズ」で、環境省が開催するクール・ビズのファッションショー（「ＣＯＯＬ　ＡＳＩＡ　２００６」）に参加することになりました。

これは、私が知事として一番早く「チームマイナス６％」に登録したことや、新潟県としても早くから省エネや環境問題に取り組んでいたことが出演につながったのではないかと考えています。

「チームマイナス６％」については、第26号のメールマガジンにも書きました。特にCO_2の排出量は、家庭や運輸部門で増加していますので、大勢の県民の皆さんからぜひ参加登録していただき、一人ひとりが地球温暖化対策への取り組みを進めてもらいたいと思っています。

ところで、ファッションショーには、小千谷縮《ちぢみ》のブランド「Ｆｒｅｅ　Ｆｒｏｍ（フリーフロム）」のシャツとジャケットと片貝木綿のスラックスを着用する予定です。これらは、伝統ある小千谷市の織物技術を現在の生活に生かして開発されたオリジナル製品です。麻や木綿といった天然素材を使用していて、軽くて、歩くだけで清涼感があり、クール・ビズにぴったりの製品です。

県内外の皆さんにもこの夏、ぜひお試ししていただきたい逸品です。

第30号① 平成18（2006）年5月26日

新潟は「高いレベルのラーメン王国」

新潟県内有名ラーメンを一堂に集約した初の試み、『新潟ラーメン博』へ私も行ってきました。当日は平日とあって人気店にお客さんが集中した感じではありましたが、その分、私はゆっくり食べたいラーメンを選ぶことができました。

会場でお会いした「ラーメン王」の石神秀幸※さんによれば、新潟は「にわかづくりのご当地ラーメン」とは違う、地元ファンに支えられた高いレベルのラーメン王国であるそうです。評判のラーメン店が全県に点在し、各地方で特徴的な「新潟四大ラーメン」もあります。

まず、新潟地域の屋台ラーメンを発祥とする「あっさり極細しょうゆラーメン」、昭和初期から始まった「燕・三条背脂系極太ラーメン」、中越地方で根付いている「ショウガ風味の濃厚しょうゆラーメン」、新潟市が発祥で全国的にも珍しい「割スープみそラーメン」以上の四つです。

結局、私は、一時間の間に「しょうゆラーメン」と「とんこつ塩ラーメン」を食べましたが、みそ、しお、カレーなどいろいろなラーメンがありました。『新潟ラーメン博』は終わりましたが、皆さんも、本物の「ラーメン王国」といわれる新潟ラーメンをぜひご賞味ください。

※石神秀幸さん……ラーメン評論家。テレビ東京の人気番組「TVチャンピオン」のラーメン王選手権で連覇を果たし、現在はフードジャーナリストとして活躍している。

第30号② 平成18(2006)年5月26日

平成十八年六月

真の地方分権に向けて

六月に行われる改革指針「経済財政運営と構造改革に関する基本方針（骨太の方針二〇〇六）」の政府決定に向けて、国と地方の協議が大きなヤマ場を迎えます。去る五月二十六日に総務大臣の私的懇談会が報告書案を取りまとめました。

まず、国の規制・関与の廃止、縮小を大胆に進めて、地方の自由度を拡大するための新分権一括法の提出や五兆円規模の税源移譲については、高く評価できるものです。私自身も、国の関与・義務付けの廃止や二重行政の解消などをかねてから主張してきたところであり、これらの点に関しては軌を一にするものです。

しかしながら、交付税改革においては、「面積」と「人口」を基本とする算定方法による新型交付税案が示され、地方から大きな反発を呼んでいます。

新潟県の場合、算定方法によっては、多額の財源が削減されることになります。

冬期において、除排雪のほかに、なだれ防止対策など豪雪地ならではの課題があり、これを克服するための経費が必要であることから、地域間格差や豪雪地特有の財政需要といった地域の実情を踏まえた十分な検討を行うことが必要であると考えています。

交付税改革に当たり、算定方法の過度な簡素化によって、必要な財政需要に的確に対応できなくなるような事態が生じないようにすることが不可欠だと考えています。五月三十日に開かれた全国知事会でも私はこのことを強く訴えてきました。

地方の意見を国の政策立案・執行に反映されるよう、これからも新潟から地方の声を国に訴え続けていきたいと思っています。

地方分権とは、「新潟もんの、新潟もんによる、新潟もんのための行政」といえるかもしれません。ぜひこれを早く実現したいと思っています。

皆さんのご理解とご協力をお願いします。

第31号　平成18（2006）年6月2日

ナンバーワンよりオンリーワン

総合順位三十八位。みなさんは何の順位だと思われますか。

朝日新聞社『アエラ』の六月十二日号（六月五日発売）に掲載されている、「格差―福井が一位は許せない―上流県と下流県、全ランク」に記載されている新潟県のランキングです。（四十七都道府県中では「下流」にランクイン？）

「そんなはずでは……」と疑問でしょうか。それとも「やっぱりなぁ……」と納得でしょうか。

ランキングは、編集部が独自に算出したもので、小項目として「住む・暮らす」「働く・稼ぐ」「学ぶ・育てる」「楽しむ・生きがい」「安心・安全」のランキングも発表されています。なんと新潟県は、「楽しむ・生きがい」の四十七位でもありました。県立図書館の資料費予算額、ボランティア活動、スポーツの年間行動者率、映画館数（対人口）から割り出した順位だそうです。

使用する指標を変えればランキングは当然変わるので、絶対的なものではありません。しかし、今の新潟県の姿の一面を表していることも事実なのだと思います。ランキングの基になっている現状を見極め、原因を多角的に分析して政策立案に結び付けていきたいと感じています。

気候、風土をはじめ状況はそれぞれ違うのですから、すべてにナンバーリンを目指すことはむちゃです。たとえば、日照時間が全国一になることなど物理的にありえないのですから。

「みんな違ってみんないい！」「だけど新潟は特にいい！」という評価が得られるような「住みたい新潟」「行ってみたい新潟」を目指したいです。個性的で魅力ある「オンリーワン新潟」をみんなの力で実現するために頑張ろうと決意を新たにしています。

でも、正直に言うと、順位もやっぱり気になります。

第32号　平成18（2006）年6月9日

新潟の天国

先日、天国へ行ってきました。正確にいうと天国のようなところです。

百六十メートルちょっとの小高い丘の上に立つと三六〇度の眺望と眼下に広がるお花畑。ちょうど映画なんかでよく見る天国の、あのイメージです。

皆さん！　私の行ってきた「天国」がどこか分かりますか。答えは、佐渡島の大野亀。カンゾウの大群生地です。

私が行ったのは六月の初めです。そのころはまだ五分咲きといったところでしたが、ちょうど今ごろ満開だと思います。佐渡は今、とっても良い季節なんです。本当に。

やわらかな日差しの中で、さわやかな風に吹かれて、カンゾウの黄色い花の絨《じゅう》毯《たん》やコバルトブルーの外海府の海を見ながら、ロッジで休むひととき。これは最高の贅沢《ぜいたく》ですよね。

佐渡といえば「トキの島」として皆さんご存じのはずです。現在、佐渡のトキは人工増殖の結果九十九羽にまで増え、このトキを野生に帰す計画を進めています。トキが自然に慣れるための準備期間を過ごす大きなケージを作っているのですが、これが巨大な人工スキー場を鳥籠にしたような感じなのです。中には田んぼがあって、ドジョウなどの餌にも困らないような状況で自然に慣れるようになっています。

来年三月に完成予定で見学用の場所もできます。来年の今ごろには、自然に近い環境を飛んでいるトキが見られるはずです。

また、今、佐渡金銀山の世界文化遺産登録を目指して運動中です。ちなみに、私の尊敬するチンギス・ハーンゆかりの「オルホン渓谷の文化的景観」も世界遺産に登録されています。佐渡の金銀山もぜひ登録されるよう頑張りますので、皆さんも応援よろしくお願いします。

今回の佐渡行きは、観光資源の状況を視察するのが目的でした。しかし、一泊二日では時間が足りなくて回りきれないほど、見るもの満載なのが佐渡です。

佐渡観光にとって、これからは良いところをきちんとアピールすることが大事だと思っています。今回の視察の経験をしっかり佐渡振興の企画立案に役立てていきたいと思っています。

第33号　平成18（2006）年6月16日

「県民のための野球場」を建設

昨日、県立野球場の建設を表明しました。なぜ県立野球場が必要なのでしょうか。

先日、中越大震災復興基金の理事会を開催した中で、今後は公民館などのコミュニティー施設などの要望が強くありました。災害からの復旧・復興のためには、地域の核となるコミュニティー施設が重要な役割を果たします。人と人とのつながりを強くし、地域の発展のためには不可欠な施設だからです。

新潟スタジアム「ビッグスワン」は、プレーヤーのためだけの施設ではありません。最高の選手とサポーターが一体となって感動を共有でき、誇りを持てる「県民のための施設」であるからこそ、他のサッカー場にない特別な地位を持って、多くの皆さんから支持されているのです。地域全体のコミュニティーの核をなしているからこそ、これだけの盛り上がりを見せているのだと思います。

現在、新潟県には県立野球場が存在しないのではなくて、「県民のための野球場」が存在しません。単にプレーするだけの施設なら県内にも多くあります。競技人口やその影響力を考えると、野球というスポーツを通して県民が一体となるコミュニティーの交流の場を持つことは、新潟県の発展のためにも必要なことだと思います。

今年の春に開催された『ワールド・ベースボール・クラシック（WBC）』では、大きな感動が世界に広がりました。感動を共有できる施設は、選手にとっても「神聖」かつ「あこがれ」の地となり、多くの若者に夢と感動を与えるものと信じています。

選手と一体となって地域の社交場としての機能を果たす野球場を建設することは、青少年に夢を与えるだけでなく、ふるさと新潟の発展のために必要ではないかと考えています。

賛否両論がある中で、今回このような決断をしました。私はこの決断によって、新潟球場が真に地域の宝となるようにすること、また、被災地の復興により丁寧に取り組む責任を負ったものと認識しています。

このため建設費には通常の予算を充てるのではなく、不動産の証券化で得た資金を充てることにしました。

新潟から世界へ発信できる、大きなプロジェクトが動きだします。皆さん、応援をよろしくお願いします。

第34号　平成18（2006）年6月23日

防災意識の向上で災害に備えよう

活発な梅雨前線の影響によって、西日本各地で土砂崩れや床上浸水など大きな被害が発生しています。

災害の克服のためには、県民一人ひとりの災害への心構えと、地域ぐるみでの防災の取り組みが欠かせません。

7・13豪雨災害や中越大震災の教訓を踏まえ、県では地域防災計画の見直しを行っています。

新しい防災計画には、県が二十四時間体制で防災情報の把握に努め、避難勧告・避難指示を出せる市町村長が適時・適切な判断を下せるように広域的な情報提供をサポートすること、高齢者や障害者の支援に特別な配慮を行うこと、プライバシーに配慮した避難所づくりやボランティア登録制度の仕組みづくり、県防災センターの整備などを盛り込むことにしています。

さらに、地震や大雨による災害対策に加え、平成十八年豪雪の教訓を踏まえて「安全安心な雪国づくり」の検討なども行っていきます。

防災対策は行政だけが行っていればよいというものではありません。

阪神淡路大震災のケースでは、消防・警察・自衛隊などの公的機関によって助け出された人は全体の2％程度とする調査結果があります。緊急時には、家族、ご近所の皆さん、たまたま通りかかった親切な方などによる救助が圧倒的に多いのです。

大規模災害では、被害に遭われる方と公の関係者を比べると、人数など物理的な限界があって手が回らないこともあり、いざというときには自分の身は自分で守らなければならないという現実が往々にしてあります。

そこで大事になってくるのが、地域のコミュニティーがしっかりしているということです。お年寄りや障害者などの災害弱者情報を町内会できちんと把握して、優先的に避難・救出ができるように地域でお互いに助け合える体制をつくっていくことが重要となります。

また、防災情報に一人ひとりが留意する必要があります。西日本で発生している被害についても、今後梅雨前線の北上に伴い新潟県への影響が懸念されます。人ごとと思わず、万一の場合はどこに避難するのか、どのタイミングで避難を始めるのかといった心の準備をしておくことが大切です。

大雨による河川やダムなどの防災情報は、県のホームページの「防災情報」(http://bosai.pref.niigata.jp/bosaiportal/)でもご覧いただけます。また、テレビやラジオの気象情報にも十分ご注意ください。

いざというときの防災対策、平常時からの危機管理をしっかり行うとともに、不幸にも被災者が出た場合は生活再建をはじめとして、最後まで見捨てることなく、県民の皆さんの安心と安全を守っていくことが私の使命と考えています。

第35号　平成18(2006)年6月30日

平成十八年七月

北朝鮮のミサイル発射に強く抗議する

七月五日早朝に、北朝鮮が弾道ミサイルを発射しました。我が国を含む関係各国の再三の警告にもかかわらず発射を強行したことは、日本の安全保障や国際社会の平和と安定を脅かすもので、船舶・航空機の安全に関する国際法上も問題であり、極めて憂慮すべき事態と認識しています。

北朝鮮はこれまでも、拉致問題に関して誠意ある対応を見せず、進展が全く見られていない中での今回の暴挙は、拉致被害者家族の心情を思いやると本当に心が痛み、またこのような行為に対して強い怒りを覚えます。

北朝鮮に対し、一刻も早い拉致問題の全面的解決を要求するとともに、厳重な抗議と遺憾の意を表明します。

県としては、当日の午前五時三十分に庁内連絡室をつくり、情報収集に努め、午前八時には危機管理連絡会議を設置し、午前中に四回の会議を開催して対応を協議してきました。

また、県内全市町村に落下物の確認をしたほか、漁業関係者の安全を確保するために各漁協に対しても注意喚起を行い、異常がないことを確認したところです。今現在直接影響を及ぼしていることはないため、県民の皆さんには過度に不安にならないで日常生活を営むよう呼びかけました。

さらに、北朝鮮の貨客船『万景峰号』の対応については、政府で特定船舶入港禁止特別措置法の発動がなされました。同時に県としても岸壁使用許可を取り消し、新潟港への入港を半年間禁止することにしました。

ただし、人道上の措置として、学生ら乗船者の下船だけは認めました。

拉致問題の進展が全く見られない中での、複数回のミサイル発射という極めて許し難い行為が行われたことから、特定船舶入港禁止特別措置法の発動が閣議決定されたことは当然のことであると受け止めています。

今後は、経済制裁解除というカードを使って北朝鮮と交渉し、一刻も早く拉致問題の解決につなげていくことを強く望みます。

第36号　平成18（2006）年7月7日

新潟「夏の芸術祭」2006

7・13豪雨災害から昨日で二年がたちました。今年もまた十一日からの大雨により、河川の増水や地盤の緩みによる土砂災害を警戒する日々が続いています。県民の皆さん、気象情報に十分注意し、いざというときの対策をしっかり確認してください。なお、河川やダムの状況は県のホームページの「防災情報」でもご覧いただけます。

さて、今週は夏の芸術祭を二つ紹介します。まず、今回で三回目を迎える『大地の芸術祭　越後妻有アートトリエンナーレ2006』。コンセプトは、「震災と豪雪を乗り越えて輝きを増す、第三回『大地の芸術祭』」です。

一昨年の中越大震災に加え、二年続きの豪雪による被害を受けた十日町市、津南町において七月二十三日から九月十日までの五十日間にわたり開催されます。

『大地の芸術祭』は、地域の活性化を図ろうということでスタートした、越後妻有アートネックレス整備事業の成果を三年に一度公開し、広く周知する国際展です。

六つのエリアに過去二回の作品百三十点に加え、この夏は四十の国と地域から二百組のアーティストの作品が制作、設置されることになっています。中でも、地域最大の資源である空き屋や廃校をアーティストや建築家の手によって美術館などに再生した「空き家プロジェクト」が大きな見どころです。

また、この地域はお米はもちろん蕎麦《そば》も有名なところです。山菜も豊富ですので、食もたいへん魅力的です。さらに、農業を通した生活の上に築かれた棚田や里山などで形成される「日本の原風景」も、心ゆくまで味わっていただきたいと思います。

続いては、今年で十九回目となる夏の佐渡の一大イベント『国際芸術祭……アース・セレブレーション２００６』です。「たたく」をテーマに佐渡市小木周辺地域において、八月十八日から二十日まで開催されます。

地元「鼓童」の単独公演やニューヨークから「タマンゴ・アーバンタップ」を迎え、即興の音楽やダンスが繰り広げられます。また、太鼓の演奏、笛・太鼓の製作、小木おけさなどの踊りも体験することができます。

アクセスも、カーフェリーの臨時便や両津港から直通で行けるライナーバス（要予約）の運行もあり、非常に便利になっています。これを機会に佐渡島を訪れてはいかがでしょうか。

このほかにも、全国にその名を誇る越後三大花火をはじめとする花火大会など、県内各地で多種多様なイベントが開催されます。みなさんもこの夏、新潟でステキな夏と出会ってみませんか。

第37号　平成18（2006）年7月14日

「インランド・デポ」で新潟の物流改革

先週からの豪雨によって、長野県をはじめ西日本各地で大きな被害が発生しました。また、県内でも土砂崩れなどの災害が発生し、一時は避難勧告が出された地域もありました。被害に遭われた方々に、心からお見舞いを申し上げます。

さて、先日は韓国・釜山港湾公社の秋俊錫社長とお会いし、今後の韓国航路の拡大について意見を交わしました。

釜山港は世界第五位の取扱量を誇るハブ港湾※で、世界中からの貨物がここを通過して周辺各国に運ばれています。今後のアジア諸国との貿易を拡大し、県経済の発展のためには欠かせない港です。

ところで皆さん、昨年新潟港で取り扱われたコンテナのうち、どのくらいが釜山航路を利用しているかご存じでしょうか。

なんと、約半数が釜山航路で占められているんです。直江津港では実に六割以上となっています。それだけに、お互い重要なパートナーとして確認し合い、秋社長とはガッチリと握手を交わして、今後の交流促進を誓ったところです。

新潟港や直江津港のコンテナ取扱量は、毎年増え続けています。しかし、残念なことに輸出コンテナが空っぽのまま運ばれていることもあるのが現実です。県内の輸出貨物は大幅に増えているにもかかわらず、陸路で京浜港などへ運んでから輸出しているため、新潟港での輸出数量が伸び悩んでいるのです。

その原因として、県内事業者からの貨物輸送の形態が、小ロットでの定時・定量・多頻度となっている現状に対応して、輸出国ごとにコンテナをまとめて一つの貨物とする事業者が、県内に不足していることがあります。これらの小ロット貨物をいかに集約し、新潟港を使って輸出していただくか、ということが、現時点での課題といえます。

そこで、港以外に県内事業者の小口貨物をまとめ、ついでに輸出入の通関手続きまでできる物流拠点を、県がリードして整備することを計画しています。これを「インランド・デポ」[※]といいます。具体的には、第三セクターが施設を設置し、公募によって選定された事業者が運営する仕組みを考えています。先日、その事業者として「商船三井ロジスティクス株式会社」にお願いすることになりました。

これが実現すれば、京浜などに流れていた貨物が、県内港湾を通じて世界各国に運ばれることになり、コンテナ取扱量が激増することが期待されます。その受け皿として、世界のハブ港湾である釜山港との連携強化が、どうしても必要となるわけです。

新潟県のセールスマンとして、この物流改革をしっかりと行い、流通コストの削減や通関手続きのスピードアップを図り、新潟の優れた製品を世界に売り込んでいきたいと思います。

※ハブ港湾……世界中の航路が集中する拠点港湾
※インランド・デポ……内陸地に設けられた輸出入貨物の通関手続きなどを行う物流拠点。コンテナの集配、コンテナ詰め、取り出しなど通常は港で行う業務をここで一手に行うことで、経費の削減、手続きのスピードアップが図れる。

第38号　平成18（2006）年7月21日

「松代病院」は廃止しません

十日町市にあります「県立松代病院」について、廃止されるのではないかという間違った情報によって誤解をされている方が多いようです。私は、廃止するということは想定していません。

松代病院はもともと黒字経営ですから、財政問題からその在り方を検討しているわけでもありません。

十日町地区には、ある程度の完結した医療が受けられるように、「県立十日町病院」の機能を強化して中核病院化してほしいという強い要望があります。一方で、日常医療については、家庭医のように信頼関係のある先生に気軽に診ていただきたいという要望があることも十分承知しています。

このように地域医療は、県立病院があるだけでは完結しないものと思います。そのためこれらの要望に応えるためには、民間病院や開業医の皆さんの協力を得て、それらのネットワークをいかして、地域全体で医療を支える体制をつくることが大切と考えています。

その中で、松代病院をどのように運用していくことが地域の皆さんに一番メリットがあるかということを、よく地元で話し合っていただきたいと申し上げているだけなのです。

地域医療というのは、自分たちで必要な医療サービスとはどういうものなのか判断できることであり、県庁のある新潟市までわざわざ出かけて陳情しなくても、地元で医療体系を決定できることが望ましいと考えています。

松代病院については、地元との合意がないまま一方的に廃止することはありません。皆さんで地域における最善の医療についてぜひ話し合っていただきたいと思います。

第39号　平成18（2006）年7月28日

平成十八年八月

これからの新潟を担う若者

先日、新潟地域で「タウンミーティング」を開催しました。今回は初めてターゲットを専門学校生に絞っての開催でした。とってもフレッシュな皆さんでした。

まず、「新潟製菓・調理師専門学校えぷろん」を訪問し、授業や実習を見学。ここには、世界中の若いパティシエが競う国際ジュニア製菓技術者コンクールで準優勝した方や、国内外のコンテストで優勝や上位入賞している多くの学生さんがいます。

つまり、調理の技術を身に付けたい人にとって「新潟から世界に門戸が開いている」場所なんです。実は、実習を見学したときにケーキをいただいたのですが、「おいし〜っ」と思わず声が出てしまいました。大変インパクトのある味で、毎日食べたいと思いました。

その後、会場を「学生プラザＳＴＥＰ」へ移し、分野の異なる四校の専門学校生との車座集会で意見交換をしました。

特に「ああ、そうだな、同感」と思ったのは、「せっかく専門的な技術を身に付けても、活躍する場がなくて学校を卒業すると都会に出ていってしまう」という意見でした。

最近、いろいろなところでお話ししているのですが、新潟県の合計特殊出生率は全国平均より高いのに、若い人が就職や進学のために新潟から出ていってしまうため少子高齢化が全国平均より早く進んでいます。ですから、若い人たちが残りたいふるさとをいかにつくるかということが自治体として大変重要なテーマだと思っています。

若い人がふるさとに残るためには、新潟で情報を発信し続けられる仕組み、ビジネスが新潟で回っていく仕組みをつくらなければならないんです。

一例を挙げれば、新潟は多くのマンガ家を輩出していますが、どうしたら新潟がマンガの中心になっていくのか。発表する場とか出版社が新潟にあって、新潟の出版社から全国に情報が流れていくような仕組みが必要だということです。

日本アニメは、いまや世界の「ANIME」。アニメ・マンガは、無資源国日本がゼロから多大な情報価値を生み出す、世界市場の最先端を行く産業であり、立派な文化だと思っています。

マンガに限らずいろいろな分野で「若者が活躍できる場」をつくって、新潟から全国や世界へ情報を発信できるようにしていきたいと思っています。皆さんも応援してください。

第40号　平成18（2006）年8月4日

ふるさとへのUターンを大歓迎

今週末はお盆です。お盆を新潟で過ごすために帰省されている皆さん、お帰りなさい。交通事故、海での事故には十分ご注意いただき、ゆっくりとふるさと新潟の良さを味わって、日ごろの疲れを癒やしてください。

ところで、来年二〇〇七年から団塊世代の方々が定年を迎え始めます。このシニア層の動向が今後の日本社会、そして地域経済に大きな影響を与えてくることから、先般、首都圏にお住まいの新潟縁故者を対象に「ふるさと回帰意識」調査を行いました。

それによると、新潟出身で首都圏在住者の約三分の一の方々が「新潟への定住・交流を希望」されていることが分かりました。

この世代の方々は、消費・文化をリードし、日本経済そのものを支えてこられた方々です。

また、社会の中核として今一番脂が乗って活動されている方々です。もし新潟で引き続き力を発揮していただけるのであれば、世界につながるネットワークをそのまま持ってきてもらえるのではないか、新潟の地域社会に大きなインパクトを与えてくれるのではないかという期待感があります。

さらに、これらの方々に加え、大学卒業後、東京の会社に就職し社会人としての経験を積んで高い能力を身に付けた方々で、東京での生活に疑問を持ち、新潟の良さを分かっている「第二新卒」と呼ばれる方々もUターンの重要なターゲットとして考えています。

ちなみに、Uターンの魅力の「キーワード」として注目されているのは、「キーボード」「ハサミ」「フォーク」だそうです。

「キーボード」はインターネット環境がしっかり整備されていること。「ハサミ」は美容院で、ファッションを気にする人や質の高いサービスを提供できる人がいて街に活気があること。「フォーク」はセンスの良いレストランがあって若者が気軽に集まる場があること。これらがそろっていると「ぜひ行きたい街」になるそうです。

私は今後なお一層首都圏の方々にふるさと新潟の良さをアピールするとともに、帰郷Uターンにはさまざまな障害があることから、そのハードルを下げ、希望を叶える仕組みづくりに全力で取り組んでいきます。

今週から来週にかけて、例年と同様に、帰省のUターンラッシュが予想されています。帰郷のUターンラッシュが「常時」になるよう頑張ります。

第41号　平成18（2006）年8月11日

地域おこしのヒントは越後妻有にあり

先週、第三回大地の芸術祭「越後妻有アートトリエンナーレ2006」を見てきて、とても感動しました。

自然の風景の中に芸術が調和することの素晴らしさはもちろんのこと、人と人とのネットワークができているところに心引かれました。都会と中山間地である妻有地域（十日町市、津南町）との間に信頼関係があって、ぜひともこの地で芸術作品をつくりたいと参加を希望された芸術家の方が多いとのことです。

世界四十カ国以上から芸術家が集まって、事実上、無償奉仕に近い形で作品をつくる。地元の住民の皆さんも一生懸命制作に協力したり、イベントに協力したり、妻有から文字どおり世界に発信し、つながっていくということを実感しました。

妻有の地には芸術家だけでなく若い人たちもやって来ていました。芸術祭の運営、作品の管理、イベントの手伝いなどをサポートする「こへび隊」の皆さんは地元の方ばかりかと思いきや、東京やその近辺の都会から参加されている若い人もたくさんいました。

また、そうした活動の過程で妻有地域が気に入って引っ越してこられる方もいるとのことです。

東京から観光バスで来ていた家族連れもいて、お子さんの手を引いて作品の前を駆けていかれる姿は本当にいいもんだと思いました。

作品は風景と一体となって、大地のキャンバスを形成しています。川があって山があって子どもがその中をはしゃいでいるという雰囲気全体が何か懐かしい少年時代のころにタイムスリップしているような感じなんです。

県内唯一の国宝、「火焔型土器」※が出土した十日町市にちなんで、全国の陶芸家八名が結集し、「妻有焼」を立ち上げようと、作品展示やワークショップなどを開催している会場もありました。総合プロデューサーの北川フラムさんからは、「産業化ということも考えていきたい」「芸術を通じて地域が元気になるような仕掛けを考えていきたい」とのお話をいただき、「それはもう県としても支援をしていきたい」というお話もさせていただきました。

地域全体でこのプロジェクトをつくり、盛り上げて成功させるんだという意気込みが熱く伝わってきて、大きな感動に浸りながら帰路に就きました。

九月十日までの開催期間中、集まる人々は四十万人を超えるのではないでしょうか。地域おこしのヒントがここ越後妻有にありという、活気にあふれた素晴らしいイベントだと思いました。

※火焔型土器……縄文時代中期を代表する縄文式土器の一種。燃え上がる炎のような形状をしている。新潟県の信濃川流域や福島県西部で多く出土している。

第42号　平成18（2006）年8月18日

県有資産は開発して有効活用

先日、東京地区の県有地の証券化の概要が決まりました。地方自治体が本格的に証券化事業を行うのは、全国で初めてとなります。

これは東京都北区に県が所有する約二千六百平方メートルの土地で、現在職員宿舎用地として利用しています。職員宿舎の建物が老朽化してきていることもあり、もっと有効な資産活用の方法がないものか常々その活用法を検討していたところ、証券化の話がまとまりました。

今回の証券化は、県所有の土地を信託銀行と契約し、その運用益を得る権利を「証券」として開発会社に販売する方法です。土地の所有権は信託銀行に移ります。

開発会社は、この土地に分譲マンションと新たに職員宿舎を建設する予定で、駅に近い利便性の高いまとまった土地を有効に活用できるメリットがあります。県としても、一気に資金調達ができると同時に、職員宿舎をリース契約として確保することができて、単純に売却するよりも大きなメリットを得ることができます。

今回の公募に応募した事業者は十四件ありましたが、予想以上の二十五億円の最高額を提示した東京で不動産開発事業を手がける「株式会社モリモト」さんと契約することになりました。

これで得た資金は、県立野球場の建設に当面必要な金額の十九億円を上回っていることから、まずは建設に必要な資金の手当てができたと思っています。

資産の有効利用といえば、もう一つ。新潟市内にある副知事公舎の再開発があります。これは、歴史的価値もある建物であり、保存を求める声が大きいことから、民間会社に賃貸で貸し出して、活用することになっています。

こちらは、昨年度に公募し、新潟市の「株式会社サア・フーズインク」さんが手がけることに決まりました。現在、レストランとしての活用に向けて準備が進んでいます。

古い洋館の落ち着いた雰囲気の中で食事が楽しめるかと思いますので、料理と同様、時代を偲《しの》ばせる建築物のほうも存分に味わっていただきたいと思います。

このように、使われない不動産を放っておくより、民間の知恵を活用し、きちんと開発することで資産を有効利用する手段を今後も検討していきたいなと思っています。利用価値のあるものは、積極的に活用し、県民の皆さんの生活が向上するようなものに振り替えていくことが必要と思います。

第43号　平成18（2006）年8月25日

平成十八年九月

佐渡から世界へ発信

夏の新潟を代表するイベント『アース・セレブレーション2006』(佐渡市)へ行ってきました。今年は八月十八日からの三日間で約六千人が集まったそうです。

コンサート会場で目についたのが、海外からのお客さんが非常に多かったことです。すっかり暗くなった会場は国際色豊かに染まるとともに、城山の頂にある木立が絶好の舞台装置となり、ライティングも相まって幻想的な世界をつくり出していました。

また、日系の駐日ベネズエラ大使がプライベートで参加していたのにも驚きました。話によると、過去にベネズエラのアーティストがここに出演したことをきっかけに参加しているとのことでした。これも海外公演を数多く行ってきた

「鼓童」の実力でしょうか。

城山公園でのコンサートは、和太鼓の迫力、奏でられるリズム、そして全身に感じる音のすごさと、鍛えられた身体によってつくられる動きが融合し、魂を揺さぶられるような感動を覚えました。参加者全員が総立ちとなり、熱気に包まれ汗びっしょりとなりました。

音楽を通じて世界各地から集まった年齢、性別、国籍の違う人々と深い交流を繰り広げ、すべての人間が一つになって楽しめる国際芸術祭を佐渡から世界に発信できる。こんなステキな宝が佐渡にあることを誇りに思います。

「鼓童」といえば、今年で結成二十五周年を迎え、ますます活動範囲を広げています。今年も一月末から三月にかけて、イギリス、ドイツなどのヨーロッパを回って公演したそうです。

国内公演もこれから予定されていますので足を運んでみてください。もちろん新潟県での公演もあります。

鼓童文化財団の島崎信理事長によれば、「鼓童」は単なる音楽集団ではなく、目標は、佐渡に暮らし、学び、つくる『生活創造集団』だそうです。そんな「鼓童」を中心とした「アース・セレブレーション」も来年はいよいよ二十周年を迎え、さらに輝きを増した開催となることと思います。

佐渡から世界へといえば、今年で十回目を迎える『佐渡国際トライアスロン大会』もあります。昨年、私もリレータイプに参加しましたが、今年は当日、北側国土交通大臣（当時）も列席する旧山古志村の国道開通式と重なって参加できなくなり非常に残念に思っています。

大会は九月二～四日に開催されます。競技はちょっとという人には、ボランティアや応援で参加されてみてはどうでしょうか。

世界へ向けて発信する日本一大きな島「佐渡島」は、「魅力いっぱいの島なんだ」とあらためて思いました。

第44号　平成18（2006）年9月1日

備えあれば憂いなし

大規模災害発生時にスムーズな防災活動が行われるよう、九月二日に国・県・市町村の共同開催による新潟県総合防災訓練が四十九機関・団体、総勢約一千人の参加を得て三条市の信濃川河川敷で実施されました。

下越地方を震源とする強い地震が発生し、新潟市で震度6強、三条市においても最大震度6弱を観測したとの想定で、「情報伝達・応援要請訓練」をはじめとして「広報活動訓練」や「住民避難・負傷者応急手当て訓練」など多くの実践的な訓練を行いました。

私も「初期消火訓練」に参加し、三条市民の皆さんとともにバケツリレーによる消火活動を初めて経験しました。どの訓練においても皆さんがきびきびと真剣に取り組まれている様子を拝見し、大変心強く感じたところです。

この訓練を機会に、参加された皆さんはもとより、参加されなかった方々も、防災の意識をさらに高め、県民の皆さん一人ひとりの災害への心構えと、地域ぐるみでの防災に対する取り組みを強めていただきたいと思います。

これから台風シーズンを迎え、風水害の発生が予測されます。日ごろからできる非常持ち出し品の準備や避難所の確認など、しっかりと災害への備えもしていただきたいと思います。

新潟県は、広い県土と長大な河川や海岸線を有し、世界有数の豪雪地帯を抱えています。私もさらに災害への万全な対応に向けて頑張ります。

何事も「備えあれば憂いなし」。大切なことですね。

第45号① 平成18（2006）年9月8日

山古志への大動脈、全線開通

中越大震災で被災した国道291号の災害復旧工事が完了し、山古志へ通じる大動脈が九月三日に全線開通しました。

この国道は、幹線道路として重要な役割を担っていましたが、柏崎市から魚沼市までの広い範囲で被害を受け、至る所で道路決壊や斜面崩壊が発生しました。

特に、「小千谷市・小栗山―長岡市・古志東竹沢」間、約十キロの区間の被害は、これまでの災害からは想像できないほどの甚大なものでした。早期復旧を目指し、国の事業として着工していただき、このたびわずか二年足らずで全線開通となりました。

この復旧に当たっては、アメリカ発祥の「シーニック・バイウェイ」[※]方式を取り入れ、これからの山古志における地域活性化や景観美化にまで配慮し、災害復旧工事としては、今までにない新たな取り組みが行われています。

このように、震災復興とはただ単に災害前に戻すことではなく、災害前より魅力ある素晴らしい地域の創造を目指すことだと思っています。

まもなく被災地は震災から二年を迎えます。国道２９１号の全線開通が震災復興全体をさらに進展させ、被災地に大きな勇気を与えてくれるものと確信しています。

※シーニック・バイウェイ……「景観のよいわき道」(scenic byway）という意味で、地域住民と行政が沿道の地域資源の改善に取り組み、地域の活性化や景観の美化などを図るプロジェクト。アメリカで一九九〇年代にスタート、日本では二〇〇三年から。

新潟県ルートで尾瀬に行ってみませんか

国道352号――。魚沼市から福島県に通じるこの道は、尾瀬の登山口に向かう新潟県からの観光ルートになっています。皆さんはご存じでしたか。

尾瀬は、福島、群馬、新潟の三県にまたがり、年間約三十万人が訪れますが、鳩待峠から入山する群馬ルートが一般的で、「新潟ルート」の利用者は、わずか5%程度なんです。

新潟ルートが、皆さんにあまり知られていないようなので、どうしたら活用してもらえるのか検証も兼ね、先日、旅行誌『じゃらん』(リクルート刊)の取材陣と一緒に、奥只見湖の景色を楽しめる新潟ルートで尾瀬へ行ってきました。

新潟ルートのいいところは、沼山峠から尾瀬沼まで、登りは標高差七十五メートルしかなく、下りは百十メートル。つまり緩やかなんです。鳩待峠から尾瀬ケ原に入るルートよりも楽なんじゃないでしょうか。

登山口からは林が続きます。当日は好天に恵まれ、木漏れ日の中緩やかな坂道を歩いていると、さわやかな森の香りがしました。まさに「森林浴」です。ネイチャーガイドの桜井さんに教えていただいたんですが、「※オオシラビソ」という木の香りだそうです。

しばらく歩くと、突如として森が切れ、眼前に、あの尾瀬の湿原が広がります。この森から抜けた瞬間の開放感をぜひぜひ皆さんに体験していただきたいと思います。

ちなみにこの尾瀬へ来る方々は、鳩待峠からの群馬ルートに偏っています。バランスよく新潟ルートの利用を増やし、尾瀬の自然への負担を分散したらどうでしょう。

ところで、尾瀬が「日光国立公園」の一部だって知ってましたか。日光国立公園というと、どうしても東照宮とか華厳滝《けごんのたき》というイメージが強いようです。

日光と尾瀬の自然はタイプも違いますし、尾瀬が独立して「尾瀬国立公園」になれば、新潟県も「尾瀬国立公園」のある三県のうちの一つとして大きく認知されます。尾瀬は世界的にも「ラムサール条約」※に登録されており、環境教育の観点からも大きな価値があります。

尾瀬はこれから紅葉シーズンを迎えます。十月の上旬ごろ紅葉も見ごろになりますので、秋の行楽シーズンに皆さんもぜひお出かけください。
※オオシラビソ……亜高山帯に生育する常緑針葉樹
※ラムサール条約……昭和四十六（一九七一）年に制定され、同五十年に発効した、特に水鳥の生息地として国際的に重要な湿地の保護に関する条約。国際会議が開かれた、カスピ海近くの「ラムサール」という町の名前を取って「ラムサール条約」と呼ばれている。

第46号　平成18（2006）年9月15日

記録は破るためにある

「記録は破るためにある」と言ったのは誰でしょう。

いろいろな方がおっしゃっているのかもしれませんが、今年百歳になる新発田市（旧紫雲寺町）の池田東三郎さんも九月十八日に力強く宣言されました。

平成十五年から、九月の第三月曜日が敬老の日と定められていますが、私は毎年、県内在住の新たに百歳になる方を訪問しお祝いしています。

今年、私が訪問した池田さんは、一九〇六年生まれ。しゃんと背筋を伸ばしてほんとにお若く見えました。

「池田さん、もっと長生きしてください」

と励ますと、

「記録は破るためにある。頑張ってみます」

と力強い言葉が返ってきました。

励ますはずの私の方が励まされたようで、思わず「エネルギーを分けてください」とお願いしてしまいました。

ちなみに県内最高齢者は、岩倉ソヨさん、百十一歳です。

県内の百歳以上の長寿者は、九月一日現在で六八三人いらっしゃいます。ぜひ「記録破り」にこぞって挑戦していただきたいと思います。

敬老の日は「まだ自分には関係ない祝日」と思っておられる方も多いかもしれ

ませんが、私たちは誰もが一年に一つずつ確実に年を取ります。

私は、健康長寿の県を目指して、運動習慣の定着や食生活の改善などの総合的な生活習慣病対策に積極的に取り組みたいと思っています。

日本で百歳以上の高齢者の割合が最も多いのは沖縄県で、三十四年連続首位となっています。

敬老の日を一つの契機として、県民の皆さんからも自らの健康づくりに主体的に取り組んでいただき、健康長寿の県として「記録破り」に挑戦したいですね。

第47号　平成18（2006）年9月22日

闘牛、錦鯉――震災の復興へ

九月十七日に長岡市（旧山古志村）の池谷闘牛場で「牛の角突き」※の取組を観戦してきました。

中越大震災後、約二年ぶりの山古志での闘牛の再開に、地元はもとより、県内外から多くの観光客が訪れ、会場全体が大いに盛り上がっていました。

当日は「全国闘牛サミット」の記念闘牛大会も兼ねていたため、沖縄県や鹿児島県徳之島からの闘牛も参加して取組が行われるなど、各地のお国なまりも飛び交う華やかな大会になっていました。

復旧した闘牛場で催される取組を観戦された地元の方の喜びもひとしおだったと思います。「牛の角突き」は、今年は十月八日と十一月三日に長岡市東山ファミリーランド内の臨時闘牛場で開催される予定です。迫力満点で勇壮な牛たちの戦いを、多くの方からご覧いただきたいと思います。

また、九月二十五日から県庁の正面玄関に国魚ともいわれる「錦鯉」がお目見えしました。展示している錦鯉は、中越大震災が発生した平成十六年の春に生まれ、大震災を乗り越えて大きく育った満二年魚が中心です。

赤と白の模様の「紅白」、赤・白・黒の模様の「大正三色」「昭和三色」、黄金色に輝く「プラチナ黄金」など、色とりどりの錦鯉が泳いでいます。大型水槽の中でゆったりと優雅に泳ぐ姿は、まさに「泳ぐ宝石」です。

中越大震災の被災地は錦鯉発祥の地で、国内屈指の生産地でもあり、今や「世界に誇る新潟の文化」の一つです。このため被災地の復興のシンボルとして優雅にかつ力強く泳ぐ姿を展示して、県庁においでくださる方だけでなく、県内外の多くの方々にアピールしていきます。

錦鯉の復興状況は、水槽の隣に設置した「越後杉」で製作した展示パネルでもご覧になれます。ぜひ多くの方にご覧いただきたいと思います。

牛が勇ましく力強くぶつかる姿と、錦鯉が鮮やかに輝きながら泳ぐ姿に、被災地が着実に復旧・復興していく姿を重ねながら、住民の方が早く元の生活を取り戻せるよう全力を尽くしていこうとあらためて思いました。

※牛の角突き……牛と牛が闘う闘牛。小千谷や山古志などで開催される「牛の角突き」は、国の重要無形文化財に指定されている。

第48号　平成18（2006）年9月29日

平成十八年十月

中越復興フェニックスマラソン&ウオーク

日本の原風景を残す山古志の美しい景観を背景にして、「自然と人間の調和」をテーマに『第一回中越復興フェニックスマラソン&ウオーク』が十月一日の日曜日に開催されました。私も九月議会の合間を縫って参加し、大勢の人たちと一緒に走って、久しぶりに気持ちの良い汗を流すことができました。

当日は、さわやかな秋日和に恵まれ、県内外から約千八百人が参加しての賑やかな大会となりました。

私の参加したマラソンコースは、長岡市山古志支所を出発して国道２９１号を通り、芋川の河道閉塞地を折り返し点とする十キロ。「行きはよいよい帰りは怖い」という、わらべ歌の歌詞が浮かんでくるようでした。

というのも、往路はおおむね下りで復路は大半が上りとなっており、その高低差約百五十メートル。ボストンマラソンの「心臓破りの丘」にも匹敵するような厳しいものでしたが、走り終えた後の充実感は、このコースでなければ味わえない格別なものでした。

参加された皆さんも、それぞれが思い思いのペースで走り、あるいは歩きながら、「山古志の復興」、そして「美しい山古志の再生」に向かう歩みを肌で感じていただけたのではないでしょうか。

ご支援いただいた全国の皆さんへの感謝の気持ちと、「炎の中からよみがえる不死鳥のように必ず復興を遂げる」という県民の力強い決意を全国に発信できたものと確信しています。

また、この日、旧山古志村内において「手刈り」による稲刈りにも挑戦しました。中越大震災を乗り越えての「コシヒカリ」の収穫です。耕作者である小川庄一さんの喜びは、今年もひとしおのものがあったことと思います。子どものころ以来の稲刈りでしたが、ずっしりと重い黄金色の稲穂を手にして、私も収穫の喜びを一緒に味わわせていただきました。

実りの秋を迎えるごとに、この大会が全国の多くの皆さんから愛され、大きく育っていくことを心から祈っています。

第49号　平成18（2006）年10月6日

北朝鮮問題――皆さんの安心・安全を守ります

十月九日、北朝鮮は地下核実験を実施したと発表しました。この発表が事実だとすると、国際的な問題を解決するに当たって、武力を背景に物事を進めようとする極めて遺憾な事態であり、わが国の安全保障および国際社会の平和と安全に対して深刻な脅威をもたらすものです。

また、国連安全保障理事会の議長声明など、国際社会の反対を無視するもので、核兵器不拡散条約体制に対する重大な挑戦であり、断じて許すことのできない行為です。

このような国によって拉致された方々、およびそのご家族の心情を思いますと、本当に胸が詰まる思いです。

また、近隣にこのような国があるという中で、日本の進むべきベクトルが正しい方向にいくようにしていかなければならないと強く感じています。

私は、新潟県内の安全を確認し、放射線監視体制の強化を指示した後、翌十日、政府に対して、関係諸国と連携し、北朝鮮によるこのような暴挙がこれ以上進まないようにするための有効な対策の実施を緊急要請してきました。

新潟県としては、柏崎・刈羽原子力発電所にかかる通常の監視体制に加え、可搬式モニタリングポスト（監視装置）を新発田、三条、長岡、南魚沼、上越の各環境センターに臨時設置し、厳重な放射線監視活動を行っています。現在の観測状況は通常時と同じで、健康に影響を及ぼす恐れはありません。

今後も監視体制を強化し、また、県民の皆さんが過度な不安を抱くことがないよう、的確な情報提供を行いながら安心・安全の確保に全力を尽くしていきます。

第50号　平成18（2006）年10月13日

表参道「ネスパス」をリニューアル

東京・表参道にある新潟県のＰＲ施設「ネスパス」の平成十七年度の入館者数は、前年度の二倍近い二十万人でした。県産品の販売を開始した平成十七年六月から来館者が増え始め、特に近くに表参道ヒルズがオープンして以降、大幅に伸びています。

去年の六月から県産品の販売を始めました。これは新潟の観光や物産、地域情報などを発信することに加え、来館者から実際に物産を手に取って、食べていただいて、新潟を好きになってほしいとの思いからです。それが結果として新潟のアピールにつながるものと確信しています。販売総額は十月一日現在（販売開始から十六カ月間）で、一億円を突破しました。

物販コーナーは、現在二階の事務所スペースの一部のため狭く、「何でこんなわずかしかないいんですか？」「本当に新潟はモノを売る気があるんですか？」との利用者の声もあったため、思い切ってリニューアルします。

正面入り口から一階は温かみを感じるような木で囲まれた空間で、県産品の常設販売とアンテナショップを配置し、地下には県産品の飲食の提供スペースを設けます。昼は「おにぎり」や「そば」などの軽食、夜は「のっぺ」などの郷土料理とともに地酒や地ビールなどを楽しんでいただけます。

このリニューアルに際しての試みとして、店舗を運営していただく事業者が県に支払う受託料を定額とせず、売り上げの伸びに応じて県への納付額を低減するインセンティブ（誘導策）を導入するという具合に、経営努力を促す方式を採用します。

売り上げが増えれば店舗を運営する事業者の手取りも増え、来館者から新潟をより広く知ってもらえる上、新潟に来ていただけるチャンスも拡大します。

リニューアルオープンは十二月一日の予定。歳末商戦に向けて新潟を売り込みます。

ネスパスは表参道ヒルズのすぐ隣にあります。ぜひリニューアル後のネスパスに足を運んでください。

あっ、そうだ。新潟弁のＣＤも置いてもらいましょうか。

第51号　平成18（2006）年10月20日

「おとぎの国」を復興

中山間地を中心に甚大な被害をもたらした「新潟県中越大震災」の発生から二年を迎えました。私は震災から二年となる十月二十三日を厳粛な気持ちで迎え、あらためて被災地を訪問しました。

波打つ道路、崩壊した家屋、暗闇の中での余震の恐怖におののく被災者の姿が、今でも昨日のことのように思い出されます。

私は知事就任以来、震災からの復旧を最優先課題とし、被災者の視点に立ち、全力を挙げて取り組んできました。

復旧はまだ道半ばですが、これからは活力ある地域再生という復興へ向けて動きだしていかなくてはなりません。これには人と人とのつながりである「集落の力」や「コミュニティー」が極めて重要となってきます。

被災地では、いまだに多くの方々が、仮設住宅において不自由な生活を余儀なくされています。被災者の方々にはこの二年間の苦しい日々が悠久の時として流れているということを思い、本当に切ない気持ちでいっぱいになりました。

また、公営住宅に入居された方、集団移転された方など、新たな生活を始められた皆さんにもお会いして、話を伺ってきました。そこでは多くの皆さんの笑顔を拝見できましたが、その笑顔の奥にある苦難の二年間を思い、復興への思いをさらに強くしました。

これからも「被災者の思い」を第一に、被災地が震災前よりも元気に、豊かに、そして安心して暮らせる地域へと再生するよう息の長い復興への取り組みを進めていきます。

あるとき、海外からの来訪者に「中越はまるで、おとぎの国ですね」と言われたことがありました。

都会の競争社会で、時間に追われて生活している人々にとっては、自然と大地の恵みとともに自分の時間を楽しみながら人と人との絆の中で暮らす日常が、本当にうらやましく感じられたからの言葉と思います。

この山里を次の時代に継承し、被災した地域を魅力的な地域としていかに再生・復興していくか。これがいま私に課せられた使命と思っています。あの日の記憶と、被災された方々の思いを胸に、世界に誇れる素晴らしいふるさとの復興を必ず成し遂げたいと思います。

第52号　平成18（2006）年10月27日

平成十八年十一月

「第二回 大にいがた物産展」

新潟県は二年前の「中越大震災」や「7・13水害」、また今冬・昨冬の豪雪など、度重なる自然災害に見舞われ、全国の皆さんから温かいご支援と多くの励ましをいただきました。

今週初めには、二年ぶりに山古志小中学校での授業が再開され、子どもたちの歓声がふるさとに響き渡り、復興に向けての歩みが一歩ずつ進んでいることを感じました。

そこで、これまでのご支援への感謝の気持ちを込めて、今年も十一月二日から五日まで、「第二回大にいがた物産展」を東京ドームシティプリズムホールで開催します。

新潟といえば、多くの皆さんが「米と酒と雪」というイメージを持っていること思います。でも、新潟県には、まだまだ自慢の逸品が実に多くあります。ぜひ、それらの数々を、この機会に見て、食べて、感じてもらいたいと思います。そして、度重なる災害にも負けず、復興への道のりを歩んでいる新潟県民に、さらに励ましのエールを送っていただけたらと願っています。

肥沃な大地と清らかな水から育まれたコシヒカリをはじめとする農産物や、郷土色あふれる特産品、厳しい冬に越後杜氏がじっくりと仕込んだ地酒も、もちろん用意しています。

また、ハウスウエアや作業工具、調理器具、ニット製品、家具など、勤勉で優れた技能を持つ新潟気質の職人たちが生み出す「匠の技」も多数展示・販売されます。

昨年は六万人を超える方々にご来場いただき、元気と勇気をたくさんいただきました。今年はさらにグレードアップして、皆さんのご来場を心からお待ちしています。

なお、新潟県では現在、「にいがた大収穫祭」と題して皆さんにおいしい秋を味わっていただくキャンペーンも展開しています。新潟の秋はおいしい味覚が盛りだくさんです。

第53号　平成18（2006）年11月3日

拉致事件の全面解決を願う

曽我ひとみさんと母ミヨシさんが北朝鮮に拉致された事件で、新潟県警は十一月二日、北朝鮮工作員の通称キム・ミョンスクを実行犯と特定し逮捕状を取り、警察庁が国際手配しました。

事件から二十八年、ひとみさんは帰国されましたが、一緒に拉致されたミヨシさんの安否はまだ不明です。ミヨシさんを心配するひとみさんの気持ちを思うと胸が締め付けられます。

去る五月には、韓国人拉致被害者で、横田めぐみさんの夫の可能性の高い金英男氏の姉、金英子さんや横田めぐみさんのご両親、滋さんと早紀江さんたちにもお会いしました。幸せだった家族が突然引き裂かれてしまった悲しみ、今も再会できずにいる苦しみは計り知れません。

私は、自治体としてもできることはやっていきたいと思い、拉致問題に関係する自治体に呼びかけ「拉致問題に関する地方自治体ネットワーク」を設立したり、自治体拉致問題の早期解決と経済制裁の発動を要請したりしてきました。

政府は、北朝鮮のミサイル発射を契機に経済制裁を発動し、また、安倍総理大臣は就任早々、拉致問題に関する総合的な対策を推進するため、拉致問題対策本部を設置するとともに、中国、韓国を訪問し、拉致問題について両国首脳に説明されました。その取り組みに感謝するとともに、今後の展開にも大いに期待しております。

北朝鮮の核実験強行を契機に、拉致問題に対する国際的な関心も高まってきています。今後とも拉致問題の全面解決に向けて、私もできる限りのことをやっていきます。

そして、一日も早く全容が解明され、一日も早く家族を取り戻し笑顔で生活できることを心から願ってやみません。

第54号　平成18（2006）年11月10日

「防災先進県・新潟」をつくります

十一月十五日水曜日午前七時に上越地方で震度6強の地震が発生――。速報を受けてただちに県庁に向かう車中では「これは訓練なんだ」と思っていながら、災害対策本部に足を踏み入れた瞬間、そんな思いは吹き飛びました。ピリピリと張りつめた緊迫感、真剣な眼差しで足早に動き回る職員、次々に張り出される情報、鳴りやまぬ電話……。まさに非常事態が発生した直後の「災害対策本部」そのものでした。

今回の訓練では、災害が発生した状況で災害対策本部の職員を実際に登庁させる訓練と、ロールプレーイング方式という手法で災害の状況を想定しながら事態に対応する能力を身に付ける図上訓練※の二つを実施しました。

登庁訓練と図上訓練を同時に行ったのは全国初の試みでしたが、このロールプレーイング方式の図上訓練は、まさに災害の現場に立ち会っている錯覚に襲われました。

道路の寸断、住宅地で発生した火災、孤立した集落など、続々と入る被害状況に応じて、被災者の救出やライフラインの確保など必要な対応を図るものです。真剣に取り組む職員の姿に安心しましたし、一方でマニュアルだけでは気が付かないさまざまな課題が見つかるなど、意義の大きな訓練になったと思っています。

新潟県は7・13水害、10・23中越大震災、二度にわたる豪雪など度重なる自然災害に見舞われてきました。尊い人命、失われた家屋など、あまりにも大きな犠牲の上に私たちが学ばねばならないこと、そして取り組まねばならないことは、災害に強い新潟県をつくっていくことです。

災害に備えて、何をしておかねばならないのか。「防災先進県・新潟」を、皆さんとつくっていく決意を新たにした一日でした。

※図上訓練……大きな災害の発生を想定し、参加者全員が地図への書き込みを通して積極的に災害の対応策を考える防災訓練。

新潟の「おいしいブランド」

十一月二日から五日まで、東京で開催しました「第二回大にいがた物産展」は、昨年を上回る六万八千人もの入場者で大盛況のうちに終了することができました。ご来場いただきました皆さんにあらためて感謝申し上げます。

県外のお客様からは、「新潟にはおいしい食材がいっぱいありますね」とよく言われます。確かに県内にはいい素材がたくさんあり、これをいかに磨き上げるかということが大切なんだと思っています。

そこで、新潟県では今年度から西洋梨「ル・レクチエ」、イチゴの「越後姫」、佐渡の「寒ブリ」、さらには「にいがた和牛」の特産品のブランド化を重点的に進めています。

コシヒカリ、特に「魚沼コシヒカリ」は全国トップのブランドを誇っています。これに続く新潟の逸品として、広く売り出そうというものです。

農産物は、その年の天候によって品質や生産量などが左右されてしまうという側面を持っています。また、流通時における品質管理など、クリアしなければならない課題も多くあります。

ブランド化をするには、商品の当たりハズレをなくし、おいしさ、安全性、品質が保証されていることはもちろん、必要なときに必要な量が手に入るということも大切な要素となってきます。そうして消費者と流通業者双方の信頼を勝ち得ることで、新潟県産品全体のイメージを高めるものと考えています。

そのため、生産者・生産者団体、流通関係者、販売戦略を考えるマーケティングの専門の方などと「品目別ブランド確立推進部会」というものをつくり、しっかりと品質管理をして消費者に届ける戦略を新たに練っているところです。

最高のものを必要なときに最高の状態できちんと提供でき、「新潟産を買ってよかったな」と皆さんに喜んでいただくことで新潟ブランドの評価が自然に高まっていくものと期待しています。

日本で一番早く出荷できる佐渡の「寒ブリ」は今後盛漁期を迎え、とてもおいしい時期となります。「ル・レクチエ」も今週から出荷が始まりました。「越後姫」は、年内に出回るものもありますが、年明け以降に出荷が盛んとなります。さらに、全国肉用牛枝肉共励会で一位の経歴のある村上牛をはじめとする「にいがた和牛」など、「にいがた」ならではのおいしい食材をぜひ皆さんから味わっていただきたいと思います。

第56号　平成18（2006）年11月24日

平成十八年十二月

「ブラジル新潟県人会創立五十周年記念式典」に出席

十一月十六日から二十二日まで南米のブラジルへ行ってきました。「新潟県人会創立五十周年記念式典」に参加したほか、多くの方々との意見交換を通じて、日系人社会の課題や新潟県との今後の交流の在り方など、考えさせられることが多くありました。

ブラジルへの移民は、日本の国策としておよそ百年前の一九〇八年に始まり、新潟県からも第一回の移民に三家族九人が海を渡ったとの記録が残っています。

当時の日本は、人口増加の時代で兄弟姉妹の数も多く、特に中山間地では耕す田畑もなく、外に出ていかざるを得なかった背景がありました。さらに、ブラジルには「広大な土地と夢と希望がある」という、あこがれを持って、多くの方が海を渡っていったものと思います。

しかし、現実の生活は実に厳しく、粗末な小屋に住み、猛獣や猛毒昆虫などがいる原野を切り開き、コーヒー園などに変えていく作業を黙々とされていたのです。

そんな過酷な環境の中、尊い命を落とされた方もたくさんおられたこともお聞きしました。これら「先没者※」の皆さんが祀《まつ》られている慰霊碑にお参りもしてきましたが、志半ばで亡くなられた方々の無念を思い、どんなにつらかったことだろうと胸が痛みました。

そうした苦労を重ね、今現在は百五十万人もの日系人社会を築き、州議会議員や国会議員として活躍される方々も輩出するなど、ブラジルの社会の中で大きな地位を占めるまでになりました。

一方、ブラジルからは現在、約三十万人もの日系人が就労などで来日しています。ブラジルに生まれ、習慣や文化が違う日本で、それも安い賃金で働いていることが多いのです。開拓のために日本を離れ、時代を経て逆に日本に戻っても、さらに苦労をされていることを思うと、やるせない気持ちでいっぱいになりました。

日系一世の方々は、「母国」は日本、「母県」[※]は新潟という思い入れが深く、祖国を自分たちの心の支えにしている印象を受けました。しかし、世代が変わるにつれ、その思いも薄れていくように感じたのも事実です。

新潟県とブラジル県人会とでは、農業青年の相互交流を行ったり、県費留学生を受け入れるなどの活動を行っています。

これからの新潟県とブラジル日系人との交流を続けるには、こうした面も踏まえて、むしろ日系人社会全体とどうお付き合いをしていくのかということを考えていくことが必要との思いを強く持ちながら、帰国の途に就きました。

※「先没者」「母県」は、日系人の方々が使っていた言葉をそのまま使っています。

第57号　平成18（2006）年12月1日

「佐渡金銀山遺跡」を世界遺産に

新潟が誇る、文化と歴史の宝庫「佐渡島」がいま、世界に羽ばたこうとしています。

先月、県と佐渡市は共同で「佐渡金銀山遺跡」の世界遺産登録に向けて名乗りを上げ、「金と銀の島、佐渡~鉱山とその文化~」と題する提案書を文化庁に提出しました。

これまでは、文化庁が独自に候補を決めていましたが、今年から地方自治体からの提案を基に審査する方法に変わり、「佐渡金銀山遺跡」を含め全国から二十四の候補が提案されています。

佐渡島には、約四百年にわたる金銀山の歴史に関連する大規模な遺跡や施設が広く分布しています。ここで培われた測量、採掘、精錬などの世界最先端の技術は、佐渡において完成され、日本各地の鉱山に伝播《でんぱ》していきました。

こうした素晴らしい文化遺産が、今までどうしてクローズアップされてこなかったんだろうと思うくらい、悠久の歴史と文化を感じさせるものが残っているのです。

遺跡は、西三川砂金山・鶴子銀山・新穂銀山・相川金銀山からなる「金銀鉱山遺跡群」、明治以降の近代化によって建設された関連施設の「近代鉱業遺産」、さらに旧相川町の町並みなどの「鉱山都市遺跡」を主要な遺産と位置付けています。さらに、全島で三十二もの能舞台、寺社建築や鬼太鼓など鉱山の繁栄によって築かれた他の地域では見られない島独特の文化全体も提案していることが大きな特徴です。

多くの方に、この佐渡金銀山遺跡の持つ歴史的・文化的価値を知っていただき、そして、これらの遺跡をみんなでしっかり守っていこうという意識を高めていくことが、とても大切であると思っています。

今後、佐渡市民の皆さんをはじめ、県民の皆さんと一緒になって、この世界に誇るべき文化遺産と景観を守るための仕組みづくりに力を入れていきたいと思います。

いつか世界遺産の周りをトキが飛び交う日が来ることを夢見ています。

※佐渡金銀山遺跡の世界遺産登録に向けた取り組みは、新潟県および佐渡市のホームページで詳しく紹介しています。

新潟県　http://www.pref.niigata.jp/kyoiku/bunkagyosei/bungyo/teiansho.htm
佐渡市　http://www.city.sado.niigata.jp/sadobunka/kingin/

第58号　平成18（2006）年12月8日

この冬は「新潟あったかSNOW王国」へ

先日、新潟市内でもチラチラと初雪が降り、新潟県内もいよいよ本格的な冬を迎えようとしています。

新潟の冬といえば、やはりスキー、スノーボードをイメージされる方が多いかと思います。新潟県内にはすでにオープンしている「苗場」や「奥只見丸山」をはじめ、数多くのスキー場があります。

しかし、最近はスキー場にいらっしゃる方が最盛期に比べて半分ぐらいになり、とても残念に思っています。

そこで、スキーはもちろん、雪祭りやいろんな体験イベントにも、全国の大勢の方に遊びに来ていただきたいと思い、この冬は県内全域で「新潟あったかSN

OW王国」のキャンペーンを展開しています。

まずは、スポーツ。スキーやスノーボードはもちろん、子どものころに私も夢中で遊んだ雪合戦やかまくらづくりなど、雪国ならではの冬の遊びを思いっきり楽しんでください。心に残る思い出を、未来を担う子どもたちに、いっぱいつくってほしいなと思っています。

そして、今年はスノーモービル（小型雪上車）やスノートレッキングなど、ワイルドな冬の大自然に触れ合うことにも挑戦してはどうでしょうか。きっと新しい発見と大きな感動に出合えると思います。

例えば、湯沢中里スキー場では初心者用のスノーモービルコースが常設され、誰でも気軽に雪原を駆け回ることができます。もちろん、子どもも楽しめるキッズ専用機もありますので、ご家族そろって楽しめます。

次に、味覚。脂の乗った寒ブリやタラ、甘味がたっぷり詰まったナンバンエビ（甘エビ）やベニズワイガニ、カキやアンコウなどの日本海の冬の幸に加え、のっぺに代表される郷土料理などをぜひ味わってください。

これらの食材と相性がバッチリの「新潟の地酒」も忘れてはいけません。おいしい地酒をキュッと飲めば、体の芯から温まります。

そして、なによりもおもてなしの心と人々との触れ合いが、「新潟あったかSNOW王国」を訪れる皆さんを温かくします。雪国新潟が、人情豊かな人のぬくもりが感じられる、そんなあこがれの場所になったらと思います。

この冬はぜひ多くの方々に新潟にお越しいただき、心も体も思いっきり「あったかく」なっていただきたいと思います。

第59号　平成18（2006）年12月15日

雪による犠牲者を出さないために

今年も残すところあとわずかとなりました。新潟市では、冬の風物詩となった「NIIGATA光のページェント」※も点灯され、美しく夜空を彩っています。

さて、今年の冬は二年続きの豪雪に見舞われた昨冬から一転、スキー場ではもう一降りが待ち遠しい状況ですが、今冬こそは無事平穏な日々が送れることを心から願っています。

いわゆる「平成十八年豪雪」では三十二人もの尊い命が失われました。亡くなられた方々に対してあらためてご冥福をお祈りするとともに、今冬こそは一人の犠牲者も出してはいけないと気を引き締めているところです。

昨冬の状況は、犠牲になられたのはやはり高齢者の方々が圧倒的に多いということです。私も、お年寄りが自宅の前を一生懸命に除雪作業をされている姿を見て、なんとかしなければならないという思いを強くしました。

県では、孤立集落を出さないためのスノーシェッド※や雪崩防止柵などのハード面の整備を行い、除雪作業時の注意喚起などの意識啓発も進めています。しかし、まずは地域の皆さんが同じ認識を持ち、地域全体でこうした高齢世帯の皆様をサポートしていく仕組みをつくることが重要だと思っています。

そのためにも、どういう方を支援しなければならないかという情報を、地域の中や行政の部門間で共有することが大切になってきます。いざというときに助け出せる仕組みを、あらかじめ整えておくことが必要です。

例えば、岩手県では「※スノーバスターズ」というボランティアが組織され、お年寄りからの要請がなくても雪下ろし作業を自主的に行う仕組みができています。まだ大丈夫と遠慮して間に合わなくなる前に支援できる、とてもいい仕組みだなと思います。

ぜひ、こうした地域の防災力を高めていきたいと思っています。とはいえ、過疎・高齢化の進んだ地域では、自力や助け合いによる除雪さえ困難となってきている現状もあります。そこで今後は、外部からの消防やボランティアの力をどう生かしていくかということもしっかりと計画に組み込むことが必要だと思います。

新潟県でも、八年前からボランティア組織を募集し、昨年は約千二百人の方に登録をいただき、除雪作業を行いました。今年も「※スコップ2007」と題して活動を継続しています。屋根の雪下ろしの経験のない方でも、例えば玄関前の雪かきならできるなど、習熟度によってできることをしていただきます。

ぜひ多くの方からの登録をお願いし、助け合いの精神が育まれる、優しい地域づくりができたらと思います。

※NIIGATA光のページェント……新潟市で昭和六十二（一九八七）年から毎年年末年始に行われているイルミネーションイベント。新潟の年末年始の風物詩として定着している。

※スノーシェッド……雪崩が起こりそうな場所につくられる鉄骨やコンクリート製のトンネルのようなもの。落ちてきた雪はスノーシェッドの上を通過するので、中を通る車が巻き込まれることはない。

※スノーバスターズ……青年会による一人暮らしの高齢者宅の雪かきを行うボランティア活動がルーツ。より組織的に活動を行うために岩手県内で「スノーバスターズ」が結成され、平成五（一九九三）年から規模を拡大しながら活動を続けている。

※スコップ２００７……高齢者宅の雪かきを行う新潟の除雪ボランティア活動。毎年メンバーの募集を行っているが、２００７のメンバー募集は三月五日で終了している。

第60号　平成18（2006）年12月22日

日本の故郷《ふるさと》、高柳

先日、タウンミーティングで柏崎市の高柳へ行ってきました。テーマは「住んでよし、訪れてよしの地域づくり」でした。

高柳には、田んぼを真ん中にして周りを茅葺《かやぶ》き屋根の家が囲んでいる集落（環状集落）があります。そして、その茅葺き屋根の家の何軒かが、宿泊施設として泊まれるようになっています。

素朴な茅葺きの家々やひっそりとたたずむ神社などが「日本の故郷」として多くの人々の子どものころの記憶を呼び覚ますのか、本当にいろんな方が泊まりに来るんです。

「まちおこし」といっても、わざわざ施設を造らないで、高柳のように昔からある民家を利用することもできるわけです。施設に投資するよりネットワークをどのようにつくるかということを優先すべきじゃないかと思います。

パネルディスカッションでは、江戸川大学の鈴木輝隆教授が、「中山間地でいろんな取り組みをやっても95%のところが失敗して過疎化が進んでいるけど、2、3%のところは人口が増えている」と報告されました。

成功した取り組みを見ると、本物の良さ・魅力を多くの人に知っていただく

「人と仕組み」を持たないといけないという感じがします。

現場に行くと発見が多いんです。今後もさまざまな地域に出向き、いろんな人の話を聞いて県の施策にぜひ反映していきたいと思っています。

第61号① 平成18(2006)年12月29日

平成十九年一月

新年のごあいさつ

平成十九年を迎え、謹んで新春のごあいさつを申し上げます。

被災地では三度目のお正月を仮設住宅でお過ごしの方もおられます。次のお正月は全員がご自宅で迎えられるよう、私も頑張らなくてはという思いを新たにしています。

今年も「被災者の思い」を第一に、被災地が震災前よりも元気に豊かに、そして安心して暮らせる地域へと再生するよう、息の長い復興への取り組みを進めたいと思っています。

また、経済を上昇気流に乗せるための牽引《けんいん》的な役割を果たすプロジェクトを着実に展開していきたいと思っています。

地場産業の振興に引き続き力を入れることはもちろんですが、農産物の高付加価値化、また地域の資源を生かした異業種の連携による健康ビジネス連峰構想の推進などにもしっかり取り組んでいきたいと思います。

そして、今後の高齢社会を迎えるに当たり、どのような施策を展開したらご高齢の皆さんが健康で長生きできるのか、地域医療体制の整備も含め、その可能性を探っていきたいと思います。

経済は「方向感が大事だ」と私は思っています。災害からの復興需要が一巡した後の県内の景気動向にも、十分注視していきたいと思います。

さらに、防災立県への取り組みとして安全・安心で魅力ある「にいがたモデル」の確立や、佐渡金銀山の世界遺産への実現など、今年も新潟から全国・世界に向けて情報発信したいと思っています。

着実に前進させなければならないことが盛りだくさんです。昨年策定した「夢おこし」政策プランを本格的に推進し、本県の重要課題である少子高齢化社会と経済の自立・発展にしっかり対応していきたいと考えています。

県民の皆さん一人ひとりが笑顔で一年間安らかに過ごせますように、行政と地域社会が一体となって、幸せに暮らせる環境づくりに努めていきたいと思います。そして、笑顔にあふれ、健康で長生きが実現できる新潟県をつくっていきたいと思います。

最後になりますが、平成十九年が皆さんにとって素晴らしい一年となりますように。

第62号　平成19（2007）年1月5日

「成人の日」に込められた先人の思い

今週一月八日は「成人の日」。めでたく成人となりました皆さんに、心からお祝い申し上げます。

成人の日は、戦後の物資も食糧も不足している中、未来を担う若者に明るい希望を持ってもらい、新たな「国づくり」を進めていくため、「大人になったことを自覚し、自ら生き抜こうとする青年を祝い励ます」ことを趣旨として昭和二十三（一九四八）年に定められました。

新潟県内では、今年約二万三千人の新成人が誕生しました。これは統計を取り始めた昭和五十三（一九七八）年以降では、同四十一年の丙午《ひのえうま》の年に生まれた人たちが成人を迎えた同六十一（一九八六）年の二万千五百人に次いで二番目の少なさです。

今後、新成人がもっと減ってくるということになると、地域社会の安定した将来展望が描けなくなるのではないかと心配な面もありますが、新潟の未来を担う若者達の活躍を大いに期待しています。

今、新潟県が抱える最大の課題は人口の減少で、毎年一万人も減っています。その主な原因となっているのが、進学や就職などによって、差し引き七千人もの若者が大都市圏に転出してしまうことにあります。

ちなみに、十八歳まで育ててあげるのに投入される公費は一人当たり約千四百万円といわれ、七千人でかけ算すると実に一千億円もの金額を、毎年大都会に献上している状況になっています。

このような若者の転出は、本県の高齢化を加速させ、さまざまな分野において活力を低下させる原因になると考えられます。団塊の世代の定年退職への対応も含め、今年は大きな道筋をつけていかなければならない年であると考えています。

新潟県の人口動態は、新潟県に対する県内外の人々からの評価の表れと見ることができ、「究極の住民投票」だろうと常々心に留めています。この究極の住民投票で、新潟は選ばれていないことは本当に残念です。

こうした若者を中心とした人口減少になんとしても歯止めをかけ、多くの人々が、明日に向かって希望を持てる安心と安全のふるさとをつくっていかなければならないと思っています。

新潟県は食べ物もおいしい、温泉も全国で三番目に多く、そして人情豊かな人がいる、本当に住んでいて過ごしやすいところです。

そこで若者から「新潟で勉強したい」「新潟で働きたい」「新潟に定住したい」と思われるような、より充実した教育の場や雇用の場などを確保し、地域社会の皆さんと一緒になって、新潟県の魅力を高めていくことが必要と思います。

成人の日に込められた、「国づくり」にはまず「人づくり」が必要だという先人の心を、今あらためて思い起こし、「将来に向かって自分の夢を実現できる新潟県」をつくりあげていきたいと考えています。

第63号　平成19（2007）年1月12日

防災は地域ぐるみの取り組みから

一月八日に、中越地方を中心に中越大震災の余震とみられる震度4の地震がありました。幸いにも、民家や道路、河川などの公共施設、電力、電話、鉄道施設にも被害が確認されず、ホッとひと安心しました。

現在、県では災害への応急対策を速やかに行うために、職員が県庁に当直して、三百六十五日二十四時間の危機管理体制をつくっています。地震などの自然災害が発生すると、職員が直ちに県庁や地域機関に登庁するとともに、被災市町村に駆け付けて直接情報収集に当たるようにしています。

さらに、地震や水害などさまざまな災害に対応するため、本番さながらの防災模擬訓練を行い、個々の職員の能力アップも図っています。

また、県だけでは対応できない部分もあるため、民間企業などと災害時の応援協定を結ばせてもらって、例えば、コンビニやスーパーなどに食料や水、生活必需品などの提供をお願いしています。

しかし、県や市町村がいかに防災対策を講じていても、実際に災害が起きそうなときに防災無線で「皆さん避難しましょう」と連絡しても、残念なことに避難していただける方が「10%もいない」といわれています。

実は、県内には地すべりや雪崩などの危険箇所が約一万カ所もあります。自分が住んでいる地域にどんな災害の危険が潜んでいるか、すべて把握することはなかなか難しいと思います。ちなみに、市役所や町村役場にはどこが危険箇所なのかを示した地図があります。そこで、普段からこの地図を確認しておくことで、自分の住んでいる地域の注意ポイントを知り、災害に備えておくことができます。

さらに、地域で自主防災組織をつくり、早めに自主的に避難することにしていれば、被害を最小限に食い止めることができます。

例えば、雨が続き、土砂崩れの可能性が出てきても、自宅の周辺が危険箇所であると分かっていれば、隣近所で声を掛け合ってすぐに避難することができます。地域全体でいかに安全を守るかという体制をつくることがとても重要だと思います。

県はあらゆる災害に備えて防災力の強化に努めていますが、県民の皆さん一人ひとりが災害への心構えを持って地域ぐるみで防災をしていくことに、ぜひ取り組んでいただければと思います。

非常持ち出し品の準備、避難所や危険箇所の確認など、常日ごろからの心構えが地域の防災力を高めていくものと思います。

第64号　平成19（2007）年1月19日

チャンスを生かせ——生命産業としての農業

先週、上越市でタウンミーティングを開催し、農業をテーマに多くの方から貴重なご意見を伺ってきました。私も農家の生まれで、少年期に農作業を手伝わされたことを懐かしく思い出しました。

今年は国の農政が大きく変わる年になります。すべての農業者を対象として品目ごとに取られてきたこれまでの政策から、今後は法人化などによる大規模化や、集落の皆さんが協同で経営する集落営農などの「担い手」に対象を絞る方向に変えていこうというものです。

農業は、人間が生きている限り絶対になくなることはない生命の源の産業です。そして私は、国が進めるような大規模経営をしていく農業と、中山間地の棚田がある地域のような国土を保全していく農業の二通りの農業があっていいと思っています。

特に中山間地は、国土保全のほか、自然とともに暮らしたいと志向する方々に生活の場を提供するなどの大きな役割を担っています。中越大震災で失われた棚田などを取り戻すことは、被災地の農業の再生を図るだけでなく、日本の原風景を取り戻し、人々の癒やしの場を再生することでもあります。

こうした国民全体の財産は、公的支援をしてでも守る。さらにそうした活動に対して感謝するといったことも必要でないかと思っています。

農業は基本的には儲かる産業だと思っています。そのため日本は、諸外国から市場を開放してくれと要求されているわけです。しかし、やり方がうまくないと、なかなか利益を上げられない。作っても売れなければ一円にもならないのです。

例えば、現在経済成長が著しいロシアから、「新潟の農産物をぜひ輸出してほしい」という話をいただいています。実際、チューリップや梨を試験的に輸出してたいへん好評を得ていますが、こういうことは誰でも明日からすぐに始められることではありません。

そこで必要になってくるのが、農家と新しい販売先との橋渡し役として活躍できる人であり、それらを支援していく仕組みをつくっていくことだと思います。

今年から始まる「二〇〇七年問題」※の本質は、働き手が少なくなる、そして支えられる方が多くなるということです。しかし、一方では世界を相手に活躍していた団塊の世代の方々が持っているノウハウを農業経営に生かしていくことで、将来に向けて大きく発展する「チャンス」なんだろうとも思っています。

農産物のマーケティングに関しても、こうした方々を巻き込んでビジネス戦略を構築していく仕組みをつくるなど、団塊の世代の方々を呼び込む取り組みを、今後とも力を入れて進めていきます。

これからも、あらゆるチャンスをとらえて、魅力あふれる生命産業としての農業を盛り上げていくような政策に取り組んでいきます。

※二〇〇七年問題……企業や社会の活動を支えてきた一九四七年から一九五一年にかけての第一次ベビーブーム世代（団塊の世代）の定年による大量退職が二〇〇七年春から始まることで、さまざまな部分で不都合が生じると懸念されている問題

第65号　平成19（2007）年1月26日

平成十九年二月

佐渡金銀山の惜敗

昨年十一月、国に対して、世界遺産暫定一覧表記載資産候補に「佐渡金銀山遺跡」を取り上げてほしいという提案を佐渡市と新潟県が共同で行っていました。先週、その審議をしていた世界文化遺産特別委員会（文化審議会文化財分科会）から非常に残念な知らせが届きました。

それは「継続審議」という通知でした。

特別委員会などからは、「次の機会では大いに期待している」「努力を続けてほしい」とのメッセージも併せていただきました。

私はあきらめてはいません。「惜しかった」という認識です。

今回は、全国の地方公共団体から二十四件の提案があり、候補に決定したのは四件。

させて残念がってばかりいられません。まだまだこれからです。来年度から世界遺産推進室を設置し、体制の強化を図りたいと思っています。

そして、再提案に向けた重要なポイントは、遺跡の「世界史的な位置付け」ではないかと思っているところです。

モンゴルには広大な草原の中に石碑がぽつんと一つ立っている世界遺産があります。「オルホン渓谷文化的景観」です。この地域には、チンギス・ハーンが挙兵し大帝国を築き上げたというテムジンの物語があります。だから、石碑一つでも世界遺産になっています。

佐渡金銀山はどうでしょう。採掘していた当時、金と銀の交換レートが日本と世界では違っていました。日本で交換するより海外で交換する方が得なので、相当海外に流出していました。そこで利益を得た人たちは世界史の歯車をどう回したのか、経済的に世界全体にどのようなインパクトを与えたのかなどを研究し、テムジンに倣ってアピールしていくというようなこともやっていきたいと思っています。

今年度は提案に向けて、定期的に担当者と打ち合わせを行ってきました。回を追うごとに、知事室に入ってくる担当者の目が生き生きとしてきて、熱意あふれる表情で説明してくれる様子を大変うれしく思っていました。

世界遺産登録に向けた運動は、地域が一丸となり、地元の熱意を十二分に国に伝えていくことが大切です。

高野宏一郎佐渡市長、佐渡市民の皆さんとともに一生懸命頑張っていこうと思っています。

第66号① 平成19（2007）年2月2日

日本文理高校の選抜出場

日本文理高校ならびに関係者の皆さん、三大会連続の甲子園大会出場決定、本当におめでとうございます。

昨春は、悲願の県勢センバツ初勝利を挙げるどころか、ベスト八進出。県民の皆さんに勇気と希望を与えていただきました。

今回の出場決定は、先輩の頑張りがしっかりと後輩に引き継がれていることの証しでもあり、大変うれしく思っています。

今年も、選手の皆さんの若さあふれるプレーそして笑顔を、県民の皆さんとともにたくさんたくさん見たいと思っています。

今年は暖冬であることから、守備練習なども十分に行えて、調整が順調に進んでいるのではないでしょうか。

文理高ナインの頑張りが、県内高校野球のレベルアップそして次世代の子どもたちの希望へとつながっていきます。期待しています。

そして、大井道夫監督。昨夏が初戦で惜敗だったこともあり、今春での捲土重来《けんどちょうらい》を期していらっしゃることと思います。全県民が勝利への「オール」を任せています。ご活躍を祈念しています。

※日本文理高校は残念ながら、今回は一回戦で強豪の大阪桐蔭（大阪府）に〇対七で敗れました。

第66号② 平成19（2007）年2月2日

目指せ「スポーツ王国NIIGATA」

一月二十一日に広島市で行われた全国都道府県対抗男子駅伝で、新潟県はこれまでの二〇位を上回る過去最高の一一位となりました。一時は六位まで順位が上がり、テレビやラジオの中継に釘付けになった県民の皆さんも多かったのではないでしょうか。

県では、「トキめき新潟国体」を再来年（二〇〇九年）に控え、県立野球場の建設などハード面の準備を進めていますが、人材を育てるというソフトの準備も併せて行っています。

人材の育成には選手はもちろん、指導者の育成も重要になってきます。サッカーでも野球でも、素晴らしい結果が出ると優秀な選手と優秀な指導者がそこに集まってきます。スポーツ面においても、新潟を目指して多くの人たちが集まってくれたらいいと思っています。

国体に向けたスポーツ振興への取り組みの一つの狙いは、スポーツに秀でた人材が自らの才能を伸ばし・発揮できる、「個」を伸ばす人づくりと考えます。自分の得意な分野で夢をかなえられるような地域・社会づくりが必要なんじゃないかと思っています。

国体開催後も優秀な選手や指導者が新潟県にとどまり、長く新潟県のスポーツ振興に力を発揮していただくことが新潟県の宝になるものと考えます。その意味で、この国体は新潟県のスポーツ振興の好機であると考えています。

さらに、先日は「トキめき新潟国体」のメイン会場となる新潟スタジアムのネーミングライツ（命名権）について、東北電力株式会社とスポンサー契約を結ぶことになりました。

新名称は「東北電力ビッグスワンスタジアム」、略称は「東北電力スタジアム」または「東北電力ビッグスワン」になります。契約期間は今年三月十一日からの三年間です。

年間百万人を超える入場者数を誇る集客力だけではなく、競技施設としての完成度も含めて高く評価をしていただき、大変うれしく思っています。県民の皆さんとともに国体開催に向けた機運を盛り上げて、県内のスポーツ振興のほか、地域の活性化にもつながるものと期待しています。

国体の場で県内選手が強くなって活躍するだけでなく、これを機会に県民の誰もがスポーツを楽しみ、健康で長生きできるような「スポーツ王国ニイガタ」となればいいと思っています。

私も忙しい時間の合間を縫って水泳やジョギングを楽しみ、爽快《そうかい》な汗を流しています。皆さんも手軽なスポーツから始めてみませんか。

第67号　平成19（2007）年2月9日

「道州制」議論について思うこと

最近、テレビや新聞のニュースなどで「道州制」の話が出ることがあります。皆さんも道州制が導入されると新潟県がどうなるのか気になっていませんか。

道州制というと、近くの県どうしが一緒になるというイメージを持っている方が多いと思います。しかし、単なる都道府県合併とは全く違うのです。

そもそも「道州制」とは、国の権限や税財源を地方になるべく近づけるため、これらを大幅に道州に移してしまおうというのが目的です。国の事務は外交・防衛・通貨管理などに限定し、身近な福祉・教育などは基本的に道州が担うことになり、国の統治の仕組みも大きく変わることになります。

そして、いま知事が持っている権限は市町村長に渡し、国が持っている権限が道州にくることで、地方自治がより身近になってくるわけです。

例えば、中越大震災後に「新潟県中越大震災復興基金」を設置しましたが、国の制度で救えなかったことも、現場で必要なものは県と市町村の合意で救済策を出すことができました。また、事情に応じて市町村長さんの権限で要件を緩めることができるなど、現場のことは現場で解決できることが真の地方自治ではないかと思っています。

道州制をやるからには、地方分権の受け皿にならなければならないと思います。まさに、一番身の回りに手が届く人が判断できることで、住民の皆さんの生活向上が期待できるものでなければ、やる意味はどこにあるんだろうという思いです。

私も全国知事会の場で、これまでの国と地方の役割分担を見直し、国が持っているさまざまな権限や財源を地方へ移すことがまず先であり、これがなされないまま都道府県合併だけが先行することは良くないことを述べてきました。

県では、道州制について、昨年十一月に学識経験者、経済界、市町村、マスコミなど県内の各分野の方々から構成される「地方分権時代における広域自治体のあり方懇談会」を設置し、これから幅広く意見を聴きながら、新潟県にとって最善の姿は何かについて議論を進めていきます。

そして政府の議論の動向も注視しながら、全国知事会などを通じて国に対しても必要な働きかけを行って、県民の皆さんが豊かで安心して暮らせる地域づくりのため、真の地方自治を確立していきたいと思っています。

第68号　平成19（2007）年2月16日

県道小千谷長岡線が開通

県道小千谷長岡線は、中越大震災の土砂崩れによって不通になっていた、長岡市妙見町を通る幹線道路です。

日本中が見守る中、崩落した巨岩の隙間《すきま》から男の子が奇跡的に救出され、一緒に車に乗っていたお母さんと女の子の二人が亡くなった、あの現場と聞けば皆さんも覚えていらっしゃるのではないでしょうか。

その県道小千谷長岡線が、二年五カ月ぶりに来月（三月）の二十四日に開通することとなりました。ここは中越大震災の象徴的な被災現場であり、地元の皆さんも早い開通を願っていました。

迂回《うかい》路になっている国道17号が、朝夕を中心に大変渋滞するという状況もあり、県では二十四時間体制もとりながら懸命に工事を進めた結果、来月開通の運びとなりました。

これで二百二十四カ所あった中越大震災による通行止め箇所も、残すところ二カ所となります。この二カ所はいずれも小千谷市内の県道で、平成十九年内の開通を目指しています。

そして、復興という新たな段階に立ち、被災地の皆さんが以前よりも元気に、安心して暮らせるよう頑張ります。

第69号① 平成19（2007）年2月23日

今年の秋は楽しそう

先日、山口県下関市で開催された「エンジン01（ゼロワン）オープンカレッジ」に行ってきました。

「エンジン01って何だろう?」と思われた方も少なくないと思います。「エンジン（ENJIN）」はEncourage Japan Intelligent Networkの略ですけれど、和名は「文化戦略会議」といい、「一から再構築する文化のエンジン」という意味が込められています。

メンバーは各分野の一流の有識者で、その人たちがボランティアで集まって、市民の皆さんと一緒にパネル形式でお話をしたり、夜楽《やがく》と称して市内の飲食店で食事を一緒にしながらいろんな話を聞くという、年に一度の知的文化交流イベントが「オープンカレッジ」なんです。

メンバーを少しご紹介すると、アサヒビール相談役の樋口廣太郎さんが代表で、三枝成彰さん、池坊美佳さん、林真理子さん、秋元康さん、奥田瑛二さん、山本寛齋さん、吉村作治さんをはじめ皆さんご存じの方がたくさんいらっしゃいます。

実は、私もその「エンジン01」のメンバーなのです。下関市では「90分でわかるユビキタス」という講座に参加してパネリストをやりました。

また、川島なお美さんの「90分でわかるワイン」という講座も聞いてきました。女性はどうしたらすてきになるかとか、ワインから広がる楽しいお話でした。川島さんからはすごくオーラが出ていました。

ほかにも「間違いだらけの教育論」「恋愛レッスン」「東大は遺伝する」「90分で分かる経済入門」など全部で三十六の講座がありました。きっとどんな方の知的欲求も満たしてくれると思います。

こんな魅力的なイベントが、今年の十一月に新潟市で開催されます。百八十人程のメンバーが全員とはいきませんが、かなり多くのメンバーの方が新潟に来ていただけると思っています。

もちろん、せっかく多くの著名人から新潟に来ていただくのですから、新潟の良いところをたくさん知ってもらって、全国に向けて新潟の良さをぜひ発信していただくつもりです。

どうですか皆さん、ワクワクしませんか。今年の十一月はみんなで「エンジン01」に参加しましょう。私も今から楽しみにしています。

第69号② 平成19（2007）年2月23日

平成十九年二月

十九年度予算案にこめたメッセージ

一兆一七六八億円――。開会中の県議会で審議いただいている平成十九年度一般会計予算案の額です。でも総額だけではピンとこないですよね。

今回の予算編成に当たっては、現場をよく知る各部局長の裁量権を広げました。県民の皆さんの声をより一層政策に反映させるのが狙いです。

昨今は夕張市の財政破綻がテレビなどで大きく取り上げられています。新潟県の場合、十九年度以降の県債残高は、災害などの特別な財政需要がなければ、今年度をピークにして毎年度減らしていけると思います。「新潟県が近い将来、破綻するという心配はしなくていいですよ」というのが、まずお伝えしたいメッセージです。

予算総額は、政令市となる新潟市への事務移譲や事務の効率化など、いろいろな要因によって、今年度より2・9％減少しています。しかし、県民生活に直結する部分については、ほぼ横ばいの予算となっています。

歳出面を一口で言えば、被災地の復興に全力を注ぐことを第一とした上で、県民生活に直結する福祉、医療、教育の分野に配慮しつつ、政策プランの実現に向けた重点事業を積極的に推進する予算になっています。

中越大震災関連では、十九年度は復旧から復興へのスタートラインに立ち、人と人とのつながり、コミュニティー全体の再生に向けた復興の「新潟モデル」の実現に努めていきたいと思っています。

次に、安心して子どもを産み育てられる環境整備です。子どもの入院医療費の助成対象を中学入学前までに拡大することをはじめ、多様な保育サービスの提供、また放課後の子どもたちの居場所づくりへの支援など、経済的支援に加え、自分の時間が取れ、心豊かに子育てできる環境づくりのため、きめ細かく対応したいと考えています。

また、人口の社会減への対応にも力を入れます。

進学や就職を理由とする若者の転出超過に歯止めをかけるためにも、個を伸ばす人づくりを推進し、魅力的な人づくり環境を整えたいと思っています。

さらに、付加価値創造の観点から県経済をさらに発展させる取り組みを進め、働く場を積極的に創造し「住んでみたい新潟、行ってみたい新潟」を実現したいと思っています。

三月二十二日の県議会最終日に議決いただければ、県予算は正式に決まります。

ふるさと「にいがた」から夢と希望を持って世界に羽ばたけるような、そういう地域づくりを進めるメッセージを感じていただけましたでしょうか。

第70号　平成19（2007）年3月2日

日本海横断フェリー航路

新潟港—ロシア・トロイツァ港—韓国・東草港を国際フェリーで結ぶ「日本海横断フェリー航路」の新規開設と安定的な運航に向けて、経済界と行政が一体となって準備を進めていくことになりました。

早ければ、今年の六月か七月くらいには国際フェリー航路の運航が開始される見込みです。

新潟港は、明治元（一八六八）年に五港※の一つとして開港された歴史ある国際貿易港です。

昭和四十二（一九六七）年には日本海側初の「特定重要港湾」に指定されるなど、新潟港は日本海沿岸における代表的な貿易港として発展してきました。

そして、現在、「釜山航路」「中国航路」「東南アジア航路」などのコンテナ航路が運航されていますが、残念ながらこれまで旅客定期航路はありませんでした。

この日本海横断フェリー航路開設は歴史的な夢の実現といえるでしょう。

新潟と中国東北部やロシア極東地域、韓国東北部などの歴史的、地理的に関係の深い対岸諸国とを結ぶ、この新たな交流ルートの誕生によって、物流の増加はもとより、「人的交流」や「文化交流」の拡大が十分期待できます。また、空路では味わえない、ゆとりある船旅を楽しむ観光客や買い物客の来県を見込むことができます。

新潟の美しい自然や歴史、文化を多くの外国人の方々からじっくりと「じょんのび」※して楽しんでいただきたいものです。また、新潟発の「トライアングル」な旅もきっとすてきなものとなりますので、皆さんもぜひお出掛けください。

今後は、まず航路の早期開設に向け、市町村や経済団体などと連携・協力していきます。また、貨物や旅客をターゲットに、企業訪問、荷主や旅行代理店などを対象とした説明会を開催し、集荷・集客の促進に努めます。

また、スムーズな通関などソフト面の改善に向けた関係機関との協議をさらに進めるほか、ハード面では、旅客や貨物の増加に対応した港湾施設の整備を図っていきたいと考えています。

これからも定期航路・航空路の充実や機能強化によって、新潟の国際的な競争力を高めていきます。さらには、東北や信越地域を含めた広域的な利用圏と北東アジアを中心とした世界を結ぶ国際交流拠点として、新潟県が名実ともに確固たる地位を築けるよう引き続き取り組んでいきたいと思います。

※五港……二百年以上におよぶ徳川幕府の鎖国政策に終止符を打った、いわゆる「安政の開国」で開港した五つの港。当時は新潟港のほかに函館、横浜、神戸、長崎の四港が開かれ、諸外国の文明や文化を導入する窓口となった。
※じょんのび……「ゆったり」「のんびり」「気持ちいい」などの意味を持つ新潟弁。

第71号　平成19（2007）年3月9日

近くて便利な新潟空港から海外へ

三月五日に二〇〇六年ミス・グアム・ツーリズムのお二人が、グアム観光PRのため来庁され、常夏の風を知事室にも届けてくれました。

新潟空港からの国際線は、グアム便も含めて七路線の定期便が就航しており、多くの方が海外旅行に利用しています。中でもソウル便は、昨年四月から運航スケジュールを変えていただいた結果、ソウル経由でヨーロッパなどへ行くのに大変便利になりました。

これまでの夕方に新潟空港を出発する便が午前九時三十分発となり、ソウルの仁川（インチョン）空港を午後に出発するヨーロッパ行きなどの便に乗り継ぐことができるようになったからです。

帰りも、仁川空港を午後五時三十分発と、従来より四時間遅くなったことから、世界各地からソウルに到着する便をこれまでより多く利用することができるようになりました。

仁川空港はアジアの「ハブ空港」の一つで、ここを経由して世界と結ばれている都市数は、成田空港を上回っています。私も利用したことがあります。施設がとてもきれいで、免税店もそろっていて、乗り継ぎの時間には買い物などでゆったり過ごし、ＶＩＰ気分で旅立つことができます。

日本語のアナウンスや表示もきちんとされているので、言葉の問題で苦労させられる心配もありません。

例えば、新潟からヨーロッパへ旅行する場合、新幹線を利用して成田空港から飛行機に乗るコースと、新潟空港から飛行機に乗りソウルを経由するコースでは、所要時間はほとんど変わりません。しかも、新潟空港から出発するコースだと、その日のうちにヨーロッパに着くことになるので、行動範囲はさらに広がります。

一方、成田経由では、空港へ到着するまでに東京駅などで大きな手荷物を抱えて乗り換える手間がかかります。帰りも混雑しているので、入国審査や手荷物の受け取りに時間を取られ、さらに新幹線で新潟までとなると、疲労感がドッと増すことになるでしょう。

ちなみに、新潟空港までのアクセスは、新潟駅からリムジンバスで二十五分程度。出入国手続きも時間がかからないので、とても快適な旅が楽しめます。

これから春休みやゴールデンウイークを利用して海外に出かけようと計画を立てている方も多いと思います。県でも、乗り継ぎを利用したモニターツアーを企画するなどして、多くの方に新潟空港を利用してもらおうと奮闘しているところです。近くて便利な新潟空港の乗り継ぎツアーによって、快適で楽しい空の旅を楽しんでいただきたいと思います。

第72号　平成19（2007）年3月16日

危機管理防災体制を強化

桜の開花が早まりそうな予想が出されている中、今週は真冬に戻ったかのような雪に見舞われるなど、めまぐるしく天候が変わる毎日です。

今冬は、暖冬少雪で大きな災害もなく春を迎えようとしていますが、災害は突然やって来るものです。毎回その顔が違っていることから、対応方法もそれに応じる必要があります。

県では中越大震災後、二十四時間の監視体制を整え、市町村への迅速な情報提供に努めています。しかし、大きな災害のときにのみ会議室に関係部局が集まり「対策本部」を設置する体制は現在も変わっていません。

そこで災害時の本部機能を持つ常設の危機管理防災センター（仮称）を県庁内に設置し、危機管理防災スタッフが常駐して、いざというときにすぐに市町村長に情報提供を行い、的確に避難指示などを判断していただく体制をつくっていきたいと考えています。

県庁組織についても、これまで「県民生活・環境部」の中にあった「防災局」

を独立させ、防災局のトップである危機管理監を各部局長より格を上にして、災害時には危機管理監の指揮によって県組織が動くような体制に変えました。

自治体の首長は交代することもあるので、職員の中に防災のプロフェッショナルを育成することがどうしても必要になります。中越大震災のときには、自県が水害で被災しているにもかかわらず専門の幹部職員を派遣してくださった兵庫県のように、本県も危機管理能力を高め、とにかく災害で一人の命も失われないような仕組みをつくっていくことが急務と思っています。

また、あらゆる災害に的確に対応するため、県では常日ごろから防災訓練を行っています。

例えば、図上訓練がそうです。具体的には、参加する職員には事前にどんな災害かを知らせず、別に災害を想定するグループが決めた現場の状況に応じて、情報収集や伝達、避難調整、救護・食料手配など、係ごとの役割を果たす訓練を行っています。

先週は、日本海に不審船が接近したという想定でこの図上訓練を行いました。

ちなみに、昨年十一月には大地震が起きたという想定で行いましたが、このような訓練を重ねることで、職員の災害対応能力を強化しています。

昨年の訓練には私も参加しましたが、まるで地震が実際に起きているかのような感覚にとらわれ、まさに中越大震災発生当時の状況がそのままよみがえってくるようでした。

こうした施設整備や防災訓練などを通じて、県民の皆さん一人ひとりの安全を確保し、生命と財産を守る取り組みをこれからも進めていきます。誰もが安心して暮らせる新潟県づくりを目指していきたいと思います。

第73号　平成19（2007）年3月23日

能登半島地震の被災者の方々へ

三月二十五日午前に能登沖を震源とする震度6強の地震が発生し、各地に大きな被害をもたらしました。石川県では一人が亡くなり、ケガ人も多数いるようで、現在も多くの方々が避難生活を余儀なくされています。

犠牲となった方のご冥福をお祈りするとともに、被災者の皆さんに心からお見舞い申し上げます。

最初の揺れが来た時には、二年五カ月前の中越大震災のことが頭をよぎりました。私もただちに県庁に設置した警戒本部に県内の情報収集を指示し、同時に、各自治体の首長や東京電力原発の所長、JR新潟支社長などと連絡をとり、状況を確認しました。その後、県庁に登庁し、被災地への支援策などを指示しました。

中越大震災のときには、新潟県は全国の皆さんから多くのご支援をいただきました。今回の災害に対し、被災地のニーズに沿った迅速な支援を続けていきたいと思っています。

そのため、今後どのような支援策が必要かを把握するべく、当日午後には県防災局の職員を石川県に派遣しました。

今回の災害では、断水による被害が大きかったこともあり、現地の要請に応じて新潟県からは給水用バケツやプライバシーウォールなどをとり急ぎ送りました。また、長岡市からは給水車が出動し、小千谷市・上越市なども職員を派遣したほか、ボランティア組織も迅速に対応してくれたり、県を挙げての支援態勢が整いつつあります。

被災地では時間の経過とともに避難者のニーズも変わります。震災直後は、人命救助を優先し、助かる命をとにかく救うことが重要です。次に食料、水、トイレなど最低限生きていく上での必要な物資の供給、そしてエコノミークラス症候群の予防や、常備薬の手配などの健康維持対策が必要です。

さらには、プライバシーの確保などの生活の質の向上、心のケアに対処していくなど、そのとき、そのときのニーズに応じた支援を重ねていくことで、生活再建に前向きに取り組む方々を応援できるのではないかと思っています。

なお、県では義援金※の受け付けも始めています。県民の皆さんからの温かい支援をよろしくお願いいたします。

今回の地震は、中山間地域に発生し、集落の孤立を招くなど、中越大震災のときと似た状況にあります。中越大震災の教訓を生かして、被災地の皆さんが一日も早く元の生活が取り戻せるよう、これまでの恩返しの気持ちを込めて支援していきたいと思います。

新潟県内も、いまだに仮設住宅での生活を送っている方々がいます。ともに頑張っていきましょう。

※県の義援金の募集に関する情報は、新潟県のホームページにもあります。
→http://www2.pref.niigata.jp/niigata/Webkeiji.nsf/92b0c44c8967548549256fd7002ee1e9/49256fd5005b6a2c492572ab00160730?OpenDocument

第74号　平成19（2007）年3月30日

あとがき

毎週金曜日にメールマガジン「たがいに　にいがた」を発行しています。今回、その中で私が連載しているエッセー「今週のひとりごと」を出版化したいというお話をいただき、正直驚きました。

メールマガジンの発行を始めたときには、出版化など想像もしていませんでした。ただ、昨今はブログの出版化が盛んになるなどメディアの形が変わりつつある予兆や、社会の構造、情報の伝わり方の変遷があります。この出版化のお話には新鮮なインスピレーションを感じたので快く引き受けることにした次第です。

「たがいに　にいがた」は、あの中越大地震の三十時間後に私が新潟県知事に就任して一年、震災対応に没頭した状態からようやくプラスアルファの出来るステップに移った時期から始めました。

県内のニュースや県政の話題はもちろん、私が日々の公務の中でふと感じたこと、心を動かされた出来事などをコラム風に、素顔の私を表現しながらお届けしようとパソコンに向かっています。話題も一方通行にならないように定期的に出演しているラジオ番組などの内容とリンクさせ、県民の皆さんの関心の高い事、質問などを中心にまとめています。

今回、出版化の作業の中で、「今週のひとりごと」をあらためて時系列（発表順）に読み返してみると、自分でこういうことをやってきた、考えていたという足跡が見え、その時々の自分自身を再発見することもできました。

本書のタイトル「今日も新潟日和」は、出版社と相談して決めました。雨の日、風の日、雪の日そして思わぬ災害などに遭うこともありますが、心の中はいつも「新潟日和」であることを願ってのタイトルです。

メールマガジン読者からのリアクションには、「そうだよね」という賛成派と「私はこう思う」という不同意派があります。発信者としてはどちらも返信をいただくことはうれしいことです。このエッセーが書籍となり、これまで以上に多くの方から読んでいただき、読者の皆さんからのさまざまな反応や返信が届くことを期待しています。

今後とも、各地のタウンミーティングなどの直接の対話の機会を始め、書籍やメディアを通じてお互いに共感し合えるような情報の発信・受信を続けて行きたいと思っています。

最後になりましたが、本書の出版にご尽力をいただきました新潟日報事業社の新保一憲氏、内田脩氏と、私の後援会事務所の阿部哲也君に厚く感謝いたします。

平成十九(二〇〇七)年五月

泉田　裕彦

■著者略歴

泉田　裕彦（いずみだ　ひろひこ）

新潟県知事。京都大学法学部卒業　1987年通商産業省入省、経済企画庁調査局、UBC客員研究員、経済産業研究所フェロー、国土交通省貨物流通システム高度化推進調整官等を経て現職。主な著書に『知識国家論』東洋経済他

泉田裕彦の500日
今日も新潟日和

平成19（2007）年7月3日　　初版第1刷発行

著　者　泉田　裕彦
発行者　徳永　健一
発行所　新潟日報事業社
〒951-8131　新潟市中央区白山浦2-645-54
TEL（025）233-2100
印刷所　新高速印刷株式会社

定価はカバーに表示してあります。
落丁・乱丁はお取り替えいたします。
ISBN4-86132-225-9